介護認定審査会委員が教える

困らない介護の教科書

河北美紀 著
Miki Kawakita

同友館

はじめに

朝の通勤時間、自転車の上から道路を見ると、何台ものデイサービス送迎車が、街の高齢者たちを乗せて施設へ向かい走っていきます。ひと昔はなかった光景が、今や当たり前の見慣れた光景となりました。「ああ、みんなそれぞれの場所で生活しているんだなあ。」そう思いながら、私は毎日送迎車の中で談笑している高齢者たちを見送っています。

本書を手に取って下さった皆様へ。本書は、現役で働く方が「介護離職」することなく、介護にかかるお金や時間の工面ができるようにと企画されました。介護するうえで1番の悩み、それは「お金の悩み」です。国や市区町村の制度を知らないことで、本来受けられるはずのサービスや、受給できるお金をもらえないという事態を防ぎ、介護する人も介護される人も安心して生活できるように。そんな想いを込めて筆を走らせました。

日本の介護は、「介護保険制度度」の導入により、公的な団体中心のサービスから民間企業によるサービスが始まり、「介護の質」の競争が起こりました。そのお陰で、高齢者と介護者の生活の質は一気に底上げされ、さらに近年はＡＩやＩＣＴなどの活用によって、高齢者のプライバシーを守りながら、見守りや健康状態を把握できるようになりました。

子が、親の介護のために仕事を辞めなくても良い時代へ、親と同居しなくとも、それぞれの生活が成り立つ時代へと、世の中はどんどん変化し続けているのです。

介護保険制度は、一人一人が主役として生きていくための「ツール」です。介護のために、仕事や結婚、自分らしい活動を諦めてはいけません。介護は一人が一手に引き受けるのではなくチームで行うものです。同時に、介護は暗くて辛いものではなく、最愛の親やパートナーの自立を支援する素晴らしい行為です。この経験を、ぜひともご自身の自信と誇りにかえられるよう、そして本書が、介護離職を思い留まるきっかけになるよう切に願っております。

最後に。執筆するにあたり、近代介護政策の第一人者であり、常に現場主義である川崎市議会議員の添田勝先生にお力添えいただきましたことに、深く感謝申し上げます。

2021年10月吉日

株式会社アテンド　代表取締役　河北　美紀

もくじ

3章

4章 介護保険サービスの種類と活用方法

5章　お金の悩みは制度の利用で解決……147

6章 知っておきたい！ 認知症と遠距離介護のこと……187

1章

社会に頼るのは当たり前の「介護」

❶ 生活を守るために必要なのは制度の利用

事前に知っておきたい介護保険制度のはなし

まだ若い私たちも、いずれは高齢者になります。親や自分が介護状態になったらどうしたら良いか、この本を手にとって下さった皆さんなら、1度は考えたことがあるのではないでしょうか？ そんな時に役立つ「介護保険制度」が、日本にはあります。

40歳になると、自動的に介護保険の「被保険者」になります。介護保険に加入した人は、介護や支援が必要と認められれば介護保険のサービスが利用できます。保険料を支払っているのに、制度の利用方法を知らずに親の介護状態を悪化させてしまったり、長年勤めた仕事を辞めてしまう方が後を絶ちません。いざという時のために、「利用できる介護サービス」、「介護休業制度」などを事前に知っておくことはとても大切です。

「民間の保険」と「介護保険」はどう違うの？

皆さんは「保険」と聞くと、一般的には民間の保険会社の保険商品を思い浮かべることでしょう。しかし、公的な「介護保険制度」と民間の保険会社が販売する「介護保険」にはそれぞれの特徴があり、違いがあります。図表1をご覧ください。

表1

	民間の介護保険	公的介護保険
契約時の年齢・ 保険料の徴収方法	各保険会社の規定による (年齢：0歳～80歳程度)	(第1号被保険者) 65歳以上。65歳になった月から、原則年金からの天引き (第2号被保険者) 40歳以上64歳まで。40歳になった月から、医療保険と一体的に徴収
保険の内容	保険契約に定める要介護状態に該当した場合「現金支給」。基本的に死亡保障がセット、その他医療とセットのものや、貯蓄性が高いものなどもあり	介護サービスそのものが給付される「現物支給」 40歳になると自動的に資格を取得。65歳になるときに第1号被保険者に切り替わる
サービスの受給要件	保険会社が独自に定めた基準 ※要介護、要支援、認知症の有無など保険会社によって様々	(第1号被保険者) 65歳以上の方は、原因を問わず要介護認定または要支援認定を受けたとき、介護サービスを受けることができる。 (第2号被保険者) 40歳から64歳の方は、加齢に伴う疾病(※特定疾病)が原因で要介護認定または要支援認定を受けたとき、介護サービスを受けることができる。
保険期間	定期、養老、終身などの保険種類によって、期間が定まっているもの、一生涯のものなど様々	第1号被保険者、第2号被保険者が、要介護認定または要支援認定を受けている間は介護サービスを受けられる。
保障について	「現金給付」 一時金、もしくは年金 ※給付を受ける場合、保険料は払込免除になるのが一般的	「現物支給」 利用料の一部を自己負担して介護サービスを利用するしくみ ※加入者は生涯保険料を負担する

※特定疾病とは
1がん(末期)、2関節リウマチ、3筋萎縮性側索硬化症、4後縦靱帯骨化症、
5骨折を伴う骨粗鬆症、6初老期における認知症、
7進行性核上性麻痺、大脳皮質基底核変性症およびパーキンソン病、
8脊髄小脳変性症、9脊柱管狭窄症、10老症、11多系統萎縮症、
12糖尿病性神経障害、糖尿病性腎症および糖尿病性網膜症、13脳血管疾患、
14閉塞性動脈硬化症、15慢性閉塞性肺疾患、
16両側の膝関節または股関節に著しい変形を伴う変形性関節症

執筆協力：ファイナンシャルプランナー加藤健氏

両者の大きな違いは、**公的介護保険は、利用にかかった費用の一部を自己負担して介護サービスを受ける「現物支給」**であること、**民間の介護保険は、保険契約に定める要介護状態に該当した場合、「現金支給」**となることなどです。ご自身や親の経済状況などを踏まえ、且つ両者の違いを理解したうえで、「将来の備え」となるよう上手に保険を活用しましょう。

心身の状態によってサービスの量が変わる

介護サービスが必要になったと感じたら、自ら（あるいはご家族などが代行）がお住いの市区町村の介護保険課などへ申請をしなくてはなりません。そして要介護認定の判定を受け、要件に該当すればサービスが開始されます。

介護保険制度では、民間の保険と違い「心身状態の変化によってサービスの量が増減する」「サービスの量に伴って自己負担も増減する」ことなどが特徴です。

介護保険サービスの申請のタイミングは？

介護保険サービス申請の要件がある方が、病気やケガなどをきっかけに**身の回りのことや生活に支障が出てきたとき、また入院後治療の状態が安定した頃や退院の目途がついた頃などが申請の目安**です。

「退院日までに認定が間に合わないのでは？」と心配になる方もいらっしゃると思いますが、

早く介護保険サービスを利用したい方はケアマネジャーに見込みの「暫定プラン」を立ててもらうことで、**要介護認定よりも前に介護保険サービス利用を開始することができます。**

ただし、暫定プランの要介護度と実際の違った場合はその分の自己負担額が発生します。詳しくは担当のケアマネジャーへご相談下さい（詳しい制度の説明は2章で行います）。

まずは自分の生活を守ること

介護による離職が社会問題となったことから、2000年に介護保険制度は創設されました。家族の負担を軽減し、介護を社会全体で支えることが介護保険制度の目的です。

政府は、2020年代初頭までに、介護離職者をなくすことを目指しています。こうした取り組みを実現するためには、私たち子ども世代の一人ひとりが、介護保険制度を知ること、制度を活用することが重要です。**自分の生活を守ること、今まで積み上げてきたキャリアを捨てないこと、その次に親の介護があるという順番**を、どうか忘れないでください。

❷ 介護に疲れたら相談を！ 自分が救われれば親も救われる

介護をするときに大切な心構えとは？

介護が始まると、新しい役割が増えます。親と同居する方だけでなく、ご夫婦、近距離で介護をする方も含め、生活パターンを変えざるを得ないことも出てくるでしょう。

しかし、慌ただしい毎日を送ることになっても、ぜひとも覚えておいていただきたいことがあります。それは、**人生の主役はあくまでも「ご自身である」ということです。**不慮の事故や病気がきっかけの介護もありますが、要介護者がもう少し生活習慣を見直しておけば防げたであろう介護もあります。

親やパートナーは病気や老齢のために介護状態になりましたが、それはあなたの責任ではありません。**介護者としてできることは、その人が自立した日常生活を送れるようサポートすることです。**「少し介護をやりすぎているかもしれない」「介護に疲れてしまった」「いつまで続くのだろう？」という感情が起きたら、それはあなたにとって「キャパオーバー」です。**介護のプロに相談するべきタイミング・ターニング（転機）ポイントを見逃さないようにしましょう。**

介護を一手に引き受けるのではなく「マネジメント」しよう

要介護者の介護を一手に引き受けようとすると、介護のために働き方や生活パターンを変えたり、人によっては仕事や結婚を諦めようと思うこともあるかもしれません。

しかし、介護をするうえで重要なのは「地域包括ケア（介護状態になっても、自立した生活を送れるよう地域の医療・介護・生活支援によって包括的に確保されるという考え）」であり、**介護を一人で引き受けることではありません。**

つまり介護者、特にキーパーソン（メインの介護者）になった人に求められるのは「マネジメント」です。

国は「仕事と介護の両立」を推進しています。たくさんの人に支えられて介護は成り立つものと理解しましょう。そして、マネジメントに必要なのは、介護のプロの力と介護保険サービスです。**担当のケアマネジャーを信頼し、ケアプランのことだけでなく介護の悩みやストレスについても相談しましょう。**その他、介護相談窓口も活用しましょう。

- **市区町村の介護保険課**…介護保険の利用に関する手続きから、全般的な相談などができます
- **地域包括支援センターなど**…高齢者の日常生活に関するお困りごとや介護の悩み、消費者被害の防止などにも対応してくれます（地域によって名称が異なることがあります）。

「自己犠牲」ではなく、共に輝く人生を送ること

現役の私たちがやるべきことは、自分の今ある能力を最大限に発揮して、社会の役に立つことではないでしょうか。そして、それは要介護者にも同じことがいえます。

介護を長く続けるポイントは、**①自分で介護をしすぎない、②介護のために何かをあきらめない、③介護保険サービスを活用する、④困ったら介護のプロに頼る**、です。

また、介護保険法の第4条（国民の努力及び義務）において、「国民は自ら要介護状態になることを予防するため、加齢に伴って生ずる心身の変化を自覚して常に健康の保持増進に努めるとともに、要介護状態となった場合においても、進んでリハビリテーションその他の適切な保健医療サービス及び福祉サービスを利用することにより、その有する能力の維持向上に努めるものとする」と規定されています。

つまり、**要介護者にも「介護予防」の義務があります。要介護者が自分でできる仕事（作業）、着替えや簡単な家事などを、積極的に行ってもらうよう誘導することも大切です。**

一方、高齢者は心身機能の低下から自信をなくし、「自分の機能が改善するはずはない」という誤解やあきらめを抱いていることも少なくありません。そんな時は、ご家族や介護の専門職で高齢者の意欲が向上するような声掛け、ケアプランを検討しましょう。

介護者も要介護者も、自分の人生を謳歌するためのツールとして「介護保険制度」を活用し

てもらいたいものです。そして、「親を介護できて良かった。最期に感謝を伝えることができた」と心から言えれば、「面倒をかけている」と引け目を感じていた親の心も救われるのではないでしょうか。

参考：厚生労働省「介護予防マニュアル　第1章介護予防について」

❸介護の課題「その人らしく生きる」サポートとは

介護はアセスメント（課題分析）からはじまる

介護サービスが始まるとき、要介護者である本人もご家族も、初めてのことに戸惑いと不安でいっぱいになることでしょう。「退院後の生活がイメージできない」という方もいるかもしれません。

そんな時、担当のケアマネジャー（介護支援専門員）が最初に行うのは、要介護者の「アセスメント（課題分析）」です。ケアマネジャーは、要介護者が自立した日常生活を営むことができるように、**高齢者やその家族がどんな生活課題を抱えているのか、解決すべき課題の把握を行ったうえでケアプランの作成をしてくれます。**

アセスメントの際は、ご家族としてぜひ立ち会っていただきたいと思います。なぜなら、

「母は料理をするのが好きですが、火の消し忘れがあり心配です」「自宅の浴槽に入ると、一人で立ち上がれないことがあります」など、本人が普段忘れていることをしっかり伝えることができるからです。

そうすることで、より明確に課題が見えてきます。アセスメントは、高齢者の自己実現、生きがいを持って自分らしい生活をしてもらうことを目的に行います。

自分の役割を持つことの大切さ

「自分は誰の役にも立っていない、生きていても仕方がない」。介護現場にいると、高齢者から、そんな淋しいお声を聞くことがあります。

筆者の運営するデイサービスには、女手一つで4人も子供を育ててきた方、地域から愛されてきた、昔ながらの商店を営んでいた方、バスの運転手だった方など、今まで社会に貢献してきた立派な先輩たちが大勢います。そんな彼らの口から聞く言葉としては、あまりにも切ない言葉です。

「その人らしく生きるサポート」とは、どういうことでしょう。単に、筋力や健康状態の改善だけを目指すのではなく、意欲向上と、セルフイメージ（自己像）の回復が重要です。

そして、家での役割が持てるようになること、社会活動に参加できるようになること、自分の好きな活動ができるようになることなど、つまり、生きがいを持った生活を送れるように支援することが必要です。

具体的には、「いつまでに」、「どんな生活ができているようになる」という目標を、ご本人や家族、介護のプロたちと共有することから始まります。

【ケアマネージメントの流れ】

①アセスメント（課題分析）

・利用者のおかれている状況の把握

・生活上の支障、要望などに関する情報を収集

・心身機能の低下の背景、要因を分析

・解決すべき生活課題（ニーズ）と可能性を把握

②ケアプラン（原案）作成

・総合的な援助方針、目標などを設定

（目標を達成するために必要な介護サービスや利用回数を設定する）

③サービス担当者会議等

・各サービス事業者と原案ケアプランを共有、調整し、利用者の同意を得て正式プランとなる

④介護サービスの利用開始
⑤再アセスメント

元気な高齢者を増やすカギは地域にある

高齢者が日常生活の中で気軽に参加できる場所があることで、地域の人とつながり交流と活動の場が広がります。

各市区町村では、閉じこもりや介護などの問題を抱える高齢者を早期に発見し介護予防するため、定期的に食事会や体操教室などを開催しています。その他、最近では企業やNPO、老人会なども連携し、高齢者が適切な介護サービスにつながる地域づくりが全国で進んでいます。

❹理想ではなく現実的に可能な介護で幸せになる

「月額5万円の年金」が、唯一の収入だった父の介護

介護の形は、家族の数だけあります。介護力（介護にあたる人手）があるか、介護に使えるお金が潤沢にあるかなど事情もそれぞれです。

一例ではありますが、筆者の父が脳梗塞で倒れたのは65歳の時でした。当時和菓子屋を営んでいた父は、脳梗塞の後遺症によって左半身が麻痺してしまいました。回復をはかろうとリハビリに励みましたが、完全に左半身が回復することはなく、残念ながらそこで仕事をリタイヤすることになりました。そこから父の介護が始まりましたが、独り身だった父の介護は長女である筆者の肩に重くのしかかりました。

お金が一番の心配ごと

当時、子どもとして何より心配だったのは、身体介護よりもお金のことでした。仕事を失った父の収入源が「月額5万円の年金」しかないと知ったのは、父が介護状態になってからでした。介護はいつまで続くのかは誰にも分からないものですが、父はまだ65歳と大変若かったのです。**日本人男性の平均寿命が81歳の時代ですから、そこから16年以上介護が続く可能性があります。**貯蓄がなくなり、生活費が底をつくのは何年後だろう？と、大きな不安を抱えることになりました。

ところで、皆さんは親の収入を正確にご存じでしょうか？自戒をこめて申し上げますが、お金のことは、親子の間で事前に確認しておくべき重要事項です。

親のお金が何年持つか計算し、現実的なプランを立てる

私は父を自宅近くに引っ越しさせ、通いの介護（近距離介護）を始めました。その際、少しでも安いアパートを探そうと尽力しましたが、車いす利用者の父が住みやすい1階の部屋でバリアフリー、風呂とトイレが別で、私の家に近いアパートを希望しても、なかなか理想の物件には出会えませんでした。

最終的には、「ここだけは譲れない」という条件だけを残し、お金との折り合いをつけベストな部屋を借りました。具体的な条件は、1階の部屋でフローリングであること。部屋が狭いことやユニットバスは良しとしました。今考えても、とても現実的でベストな選択であったと思います。ちなみに、当時の父の収支は次のようでした。

（収支）要介護3　65歳　独居　国民年金のみ

・収入5万円（国民年金）

・支出17万円（内訳　家賃7万円、光熱費2．5万円、食費3万円、医療費1万円、介護費1万円、衛生用品等1．5万円 交通費※介護タクシーなど　1万円）

※孫の入学祝いや臨時の医療費などは、これとは別にかかる

【毎月収支】年金収入5万円―支出17万円＝毎月12万円の赤字
【年間収支】毎月赤字12万円×12ヵ月＝144万円　臨時支出 約12万円
毎年156万円の赤字
預金がなくなる年月（予測）　預金1500万円÷年間の支出156万円＝9．6年後

父の預金は1500万円ほどありましたが、これでは9．6年で底をついてしまう計算になります。日本人男性の平均寿命に7年足りない、74歳で預金がなくなってしまう計算です。しかも、これは長期の入院や病気を想定していないプランで、これより早く預金がなくなる可能性の方が高いのです。早急にお金のことを考えていかなくてはならない状況でした。

できることからはじめよう！

親が介護状態になったら、まずは介護保険サービスをスタートさせましょう。同時に、預金の減りができるだけ遅くなるようお金の工面も大切です。**ご自身はお仕事を続けて経済的基盤を確保しながら、できることから始めましょう。**

面倒ですが、携帯電話などの通信費を安くなるプランに切り替えたり、利用していないオプションをやめるなど、毎月かかるお金を見直しましょう。また介護状態になったら補償の対象

にならない掛け捨ての保険などは、確認して解約しましょう。その他、できるお金の工面をあげましたので参考にして下さい。

①家賃や公共料金、通信費（親子割へ）などの固定費をおさえる
②シルバーパス（交通費）の申請　※年齢や要件あり
③読まない雑誌、新聞の解約を検討する
④おむつなどの衛生用品を支給してもらう（市区町村による）
⑤介護手当、特別障害者手当の受給要件などを確認し、市区町村へ申請する
※要介護3～5になると、受給できる要件が増えてくる
⑥不要なクレジットカード、保険、通えなくなったクラブや会などの解約
⑦医療・介護費の減額制度について確認、確定申告する
⑧介護サービスと併用してボランティアを利用する　など

それでも生活が成り立たなくなってしまったときは、家賃を抑えるために同居が可能であるか検討してみたり、介護施設に入所する時は負担限度額認定を受けるなど、費用軽減の対策をしましょう。

筆者の場合、父が要介護4で在宅介護だったため特別障害者手当と市区町村から介護手当が

支給されたことで合計で一月約4万円程度の赤字を補填することができました。これにより、9．6年で底をつくはずの預金が13．8年まで延ばすことができる計算となったのです。しかしながら、手当を受給しても厳しい場合は経済的な面も含めて、担当のケアマネジャーや市区町村へ早めに相談すると良いでしょう。

❺社会全体の問題である介護離職を減らすために

2055年に40％を超えると予想される、日本の「限界集落」とは？

「限界集落」という言葉を、初めて聞く方も多いのではないでしょうか。限界集落とは、一般的に住民の半数以上が65歳以上で、共同体としての維持が困難な集落をいいます。

日本の高齢化率は2055年に40％を超えると予想されており、この限界集落は日本の未来の姿だとも言われています。２０２１年現在、既に高齢化率が60％を超える岐阜県のある地区があります。そこでは、共同体としての維持を可能にするためある取り組みが行われています。

そこでは、雪が降る季節に遊休施設を利用し、高齢者住宅を開設しました。地域の課題の一つ、高齢者による除雪問題を解決するためです。高齢者施設に除雪ボランティアが来て支援することで、その地区を維持することに成功し、施設が地域の拠点としても機能しつつあるそうです。

これからますます少子高齢化が進む日本において、私たちはこうした事例をもとに、いかに少ない現役世代で多くの高齢者を支える仕組みを真剣に考えなくてはなりません。

勤め先には早めの情報提供を

介護をしながら働く側は、「介護が理由の休みが続くと、嫌がられるのではないか」「介護していることが分かったら、役職から外されてしまうのではないか」という不安を抱えることがあるようです。

子育てと仕事の両立は、今や標準になってきているのにもかかわらず、「介護と仕事の両立」にはまだまだ課題があるようです。背景には、プライベートなことを他人に相談することに抵抗があること、また「相談ごと」というのは日常ではなく「特別なシチュエーション」であると見なされる向きがあること、が背景にあるようです。介護休暇など介護をサポートするルールを組織内で制度化する動きが鈍いのも一因かもしれません。

普段から、あまりコミュニケーションをとっていない職場や上司から「何かあったら相談してね」と言われても、なかなか難しいというのが現実かもしれません。ルールが無いとしたら尚更です。企業側も、長く仕事を続けてもらいたいこと、そしてどんな小さなことでも相談してもらいたいということを普段から社員に伝え、ルール化していく努力が必要でしょう。一方で、介護離職をして後悔している人も大勢いることが、統計で分かっています。

介護をすることになったとき、自分は職場に迷惑をかけているのでは？と深刻に考えるよりも「お互い様の精神」で、もし同僚が同じように介護をすることになったときにサポートすればいいと考えましょう。

詳細は後述しますが、育児・介護休業法により介護休暇は法的に認められています。

そして介護保険サービスをスタートさせるときは、高齢者の自立支援だけでなく、自分の働き方に合わせたケアプランを作成してもらいましょう。遠慮して、ケアマネジャーに提案されたものをそのまま受け入れる必要はありません。ケアマネジャーは、高齢者だけでなく介護者の支援もしてくれる存在なのだと覚えておいて下さい。

2章

決して他人事ではない、突然始まる介護

❶ 家族が突然救急搬送されたらどうする？

元気だった家族が、ある日突然救急搬送されたらあなたはどうしますか？ 総務省消防庁の発表によると、救急出動件数は年々増え続けており、平成15年には483万件だった救急出動件数は、平成29年には1．3倍の634万件に膨れ上がりました。1日平均とすると、約1万7376件の救急隊が出動したことになります。

搬送の原因は、1位が急病64％、2位が一般負傷15％、3位がその他でした。次に、年齢別に救急搬送された人の割合をみると、「急病」では高齢者（65歳以上）が61．8％、「一般負傷」は高齢者が67．4％を占め、最も高い割合で搬送されていることが分かります。

介護が必要になった主な原因としては、認知症・脳血管疾患・高齢による衰弱・骨折や転倒が上位を占めており、老齢と共に緩やかに介護状態になる人ばかりではないという現実が見えてきます。

高齢になったことによる心身機能の低下や衰弱よりも、病気がきっかけで介護状態になる人が多いと聞いたら意外でしょうか？ しかし、この結果からも突然介護が始まることは決して他人事ではない、いつでも自分事になりうる、と認識しなくてはなりません。

では実際に家族が救急搬送になったとき、介護状態になったときには私たちはどこへ相談し、何から始めれば良いのでしょうか。

平均寿命と健康寿命とは？

ＷＨＯが発表した２０２１年版の統計によると、日本の平均寿命は84．3歳で世界一の長寿国でした。次いで2位はスイス、3位は韓国という結果でした。

長寿であること自体は喜ばしいことですが、一方、**介護の問題はこうした日本の「平均寿命」と、日常生活に支障がなく生活できる期間である「健康寿命」の差から生じます。また、日本では寝たきりの期間が欧米諸国と比べても長く6年以上にわたります。**

こうした背景から、厚生労働省では「健康寿命の延伸」のため様々な施策がなされています。さて、平均寿命とは0歳で生まれてから死ぬまでの余命のことを言います。健康寿命とは、ＷＨＯが提唱した、平均寿命から寝たきりや認知症など介護状態の期間を差し引いた期間です。

高齢になると病気や骨折などのケガをするリスクが高まるため、適度な運動や社会活動などを心がけ「介護予防」することも重要です。

★参考：ＷＨＯ「２０２１年度版　世界保険統計」

介護保険で利用できるサービスを「知っておくこと」が大切

突然の介護に直面したら、介護をするのはどこで、誰が、どうやって（通いや同居など）行うかなど、親の入院中に家族で考えておきましょう。もちろん、事前に話し合っておくことができればそれがベストです。

そして、介護が始まる前に知っておきたいのが介護保険制度のこと。私たちが親やパートナーの介護をするうえで、また仕事と介護を両立するうえで助けになってくれる重要なサービスです。介護保険サービスを利用するには、まずお住いの市区町村や地域包括支援センターへ連絡し、要介護認定を受ける必要があります。

要支援1～2と認定された方が利用できるサービスは「介護予防（生活機能を維持・向上させ要介護状態になることを予防する)」、要介護1～5と認定された方が利用できるサービスは「地域密着型（お住いの地域にある介護事業所を利用する)」です。

ここでは介護サービスの一例を挙げますが、詳しい介護サービスの内容は4章をご覧ください。介護保険制度を上手に活用することが、ご自身の介護離職を防ぎ、介護にプロがかかわることで、親やパートナーの介護状態を悪化させることなく維持、改善することも可能になります。

〈利用できる介護保険サービスとは？〉

・自宅で受けられる家事援助などのサービス
・施設などに出かける日帰りのサービス

・自宅訪問による入浴サービス
・訪問、通い、宿泊を組み合わせて受けられるサービス
・短期間の宿泊（ショートステイなど）
・住宅改修
・福祉用具のレンタル等
・施設等での生活など

❷金銭的負担が気になる！　高齢者の入院費用や期間の統計

寿命と健康寿命とのひらきは、男性9年、女性は12年

親が介護状態になったとき、誰がメイン（キーパーソン）で介護をするのか、そして介護にかかる金銭的な負担は、親のお財布だけで足りるのか…そのあたりが一番の心配ではないでしょうか。

日本では、寝たきりの期間が欧米諸国と比べてとても長いことから、厚生労働省も様々な施策を行い高齢者の自立支援を行っています。高齢者の要介護度を維持あるいは改善させた介護施設には、インセンティブを出すという仕組みも導入されています。

一方で、平成28年の日本人の健康寿命の平均は、男性72.14歳、女性74.79歳でした。ここからも分かるように、日本人の平寿命と健康寿命には、男性8.84年、女性12.35歳、とまだまだ大きなひらきがあります。

介護までいかなくとも、この期間は親になにかしらのサポートが必要になってくると認識しておく必要があります。

70歳以上の親が、突然入院した場合の費用は？

親が突然入院してしまった場合、医療費の他に食事代や差額ベッド代などがかかります。では、70歳以上の方が一ヶ月入院した場合、どのくらいの費用がかかるのでしょうか？

おおまかなシミュレーションですが、医療費の自己負担分57600円（高額療養費制度の年収の適用区分を「一般」とする）、食事代41400円（1食460円×3食×30日程度）、その他日用品など15000円の合計では、一ヶ月の入院費用は114000円です。

ただし、ここには差額ベッド代が入っていません。個室などを選んだ場合、また保険外の治療などをした場合はその料金が上乗せとなります。また、入院時に保証金が必要になる病院もありますので、いざという時のために10万円程度の現金は常に準備しておくと良いでしょう。

介護期間の平均は54．5ヵ月、介護費用の平均は月額7．8万円

生命保険文化センターが行った調査によると、過去3年間に介護経験のある方を対象に、どのくらいの期間介護を行ったのかを聞いたところ、介護の平均期間は54．5ヵ月でした。また、介護費用の月額平均は7．8万円となっています。住宅改修などの一時的な介護費用の平均は69万円でした。

この統計を参考に、介護にかかる一時的な費用と、毎月かかる介護費用を親のお金で支払うことができるか話し合いしょう。

介護が必要になった原因は、要介護度別ではなく総数（単位％）で表すと、第1位は「認知症」18％、第2位が「脳血管疾患（脳卒中）」16．6％、第3位が「高齢による衰弱」13．3％でした。

介護状態によっては病院からそのまま施設へ行くケースもありますので、医療費だけではなく、介護サービス費やいわゆる老人ホームの料金もチェックしておきましょう。

（執筆協力：ファイナンシャルプランナー　加藤　健氏）

★参考：生命保険文化センター「生命保険に関する全国実態調査」（平成30年）
★参考：厚生労働省「国民生活基礎調査の概要」（平成28年）

❸介護を頑張らないと決めよう

そもそも、高齢になるとなぜ寝たきりになるのか?

高齢者が寝たきりになる原因の中に、「閉じこもり」と「閉じこもり症候群」というのがあります。高齢者の閉じこもりの主な要因は、①身体的、②心理的、③社会・環境の3つの関連性が挙げられます。

まずは病気になったことが原因で外出を控える、つまり①身体的要因が起き、次に意欲低下によって②心理的に影響し、さらに家族や地域との交流のない状況から③社会・環境的な孤立という風に関連し、「閉じこもり」となると言われています。

また、閉じこもりの原因は病気ばかりではなく、実は非常にささいなことから始まるケースも少なくありません。

「寒いから、外に出たくない」「体調不良が続いたから」「外で転びそうになったから」という、なにかのきっかけで外出を控えていた結果、気がついたら寝たきりになっていたという例も多くあります。寝たきりになった原因をご本人や家族に聞いても、明確に答えられないケースがあるのはこのためです。

介護に手をかけるより、「家庭での役割」を

厚生労働省の厚生白書（平成3年版）の、「寝たきりゼロへの10カ条」の中に、「寝たきりは寝かせきりから作られる、過度の安静逆効果」「手は出しすぎず、目は離さずが介護の基本」という言葉があります。

病気になった高齢者が入院し、リハビリによって杖歩行できるまで回復したとします。しかし、退院後の過度の安静や、ゆっくり行えば**自分でできる日常生活動作を家族が奪ってしまったことで、結果的に寝たきりや要介護状態になっていくということもあります。**

また、日常生活動作の能力が低下すると、自己効力感（自分の能力を信じる気持ち）が低くなる原因となります。家庭で何らかの役割を持ってもらうことも重要です。

洗濯物をたたむ、簡単な掃除、ポストから新聞を取ってくるなど、無理なくできることを高齢者のペースで行ってもらいましょう。

一人で頑張らず、介護サービスの利用を

もし親が、病気やなにかのきっかけで「閉じこもり症候群」になりかけていたとき、重要になってくるのは「予防」の考え方です。自宅によく来客や知人が訪れ、応対などをしている場合は閉じこもりとは言い難いですが、「自宅で生活するのみ」では体力の低下が心配されます。

そんなときは、介護サービスの利用を検討しましょう。デイサービスで人との交流を持ってもらい、機能訓練を受けてもらうように声をかけましょう。

介護においては「介護者だけが頑張る」のではなく、高齢者にも介護予防の努力をしてもらうこと、介護事業者・ケアマネジャーと一緒に取り込むことが大切です。**一人で頑張りすぎず、親が介護サービスを利用している時間を使って、自分の時間を確保することも長い介護生活には重要**です。

病気になった高齢者が、必ずしも寝たきりになるのではありません。適度なリハビリテーションや社会との交流を実施することで回復することが知られています。主治医や介護のプロと連携し、高齢になった親を介護サービスの利用につなげましょう。

通い、訪問のサービスを利用することで、時間を意識した規則正しい生活を送ることにもつながるだけでなく、介護者の負担も軽減してくれます。

★参考：福島県立医科大学医学部分担研究班「閉じこもり予防・支援マニュアル（改定版）」（2009年3月）

❹介護の相談窓口は「地域包括支援センター」

介護が必要になったら、どこへ連絡すればいいの？

初めて家族の介護をすることになったとき、どこに何を相談したらのか良いか分からない、何から始めたらいいか分からないなど、不安に思うことがたくさんあると思います。そんなとき、介護に関する全般的な総合案内をしてくれるのは、お住いの地域にある「地域包括支援センター」です。

地域包括支援センターには、保健師、社会福祉士、主任介護支援専門員等が在籍し、専門知識と経験を活かして、チームとして介護サービスのコーディネートを行います。

地域包括支援センターの目的

地域包括支援センターとは、地域の高齢者が健康で安心して暮らせるよう、総合的な支援を行う機関です。市区町村に1つ以上設置されています。高齢者や家族介護者から広く相談を受けることができるよう、保健・医療・福祉の面から総合的なサポートをします（地域によって名称が異なる場合があります）。

地域包括支援センターの目的は、「地域住民の心身の健康及び生活の安定のために必要な援助を行うことにより、その保険医療の向上及び福祉の増進を包括的に支援すること」（介護保険法第115条の45）です。

つまり、**「地域包括ケア」と言って、公的な介護保険制度だけではなく、地域のボランティアやサロンを含む多様な社会資源を活用できるよう包括的な支援をしてくれるところです。相談や支援は無料です。**

ご自身が、介護情報を冊子やインターネットで調べることも大切ですが、多くの情報の中から一人で必要なサービスを探すのは大変です。豊富な経験、多くの事例を見てきた介護のプロに相談すると、選択肢が増え近道にもなります。

（地域包括支援センターの支援内容）

①介護予防ケアマネジメント（介護保険の申請や、要支援1，2の認定を受けた方の介護予防サービスのケアプラン作成など）
②総合相談（高齢になった親が心配、認知症、仕事と介護の両立についてなど）
③権利擁護（虐待や金銭のトラブル、成年後見人制度の利用についてなど）
④包括的・継続的ケアマネジメント（ケアマネジャーの指導・後方支援など）

65歳以上なら対象になる「一般介護予防事業」とは

要介護認定を受けていない65歳以上の高齢者も、介護予防を目的に「一般介護予防事業」を利用することができます。具体的には「体操教室」や「脳トレ」「栄養教室」などに参加してもらい、健康増進や認知症予防などを行うことができます。

その他、市区町村によっては配食サービスや緊急通報装置などの高齢者福祉サービスもあります。実施している介護予防教室は市区町村によって異なりますので、まだ要介護認定は受けていないけれど介護予防を始めたいという方は、積極的に活用しましょう。

基本チェックリストに答えよう！

要介護認定で「非該当」と認定された方も、地域包括支援センターの実施する「基本チェックリスト」を実施した結果、生活機能の低下が認められた場合には「事業対象者」として訪問型や通所型の介護予防・生活支援サービスを利用することができます。

具体的には、デイサービスや、ホームヘルパーによる食事・入浴・排せつなどの支援です。詳しくはお住いの地域包括支援センターへお問い合わせください。

❺介護と仕事の両立のために制度をフル活用する

仕事と介護の両立支援制度について

労働政策研究・研修機構「介護者の就業と離職に関する調査」（平成28年）によると、介護が始まったことで勤務先を辞めた理由を、在宅介護期間別に1年以内・1年以上3年以内・3年超で比較したところ、**全体では「介護による心身の負担が大きかった」（25.7%）が1位、1年超では「介護のため仕事の責任が果たせなくなった」が1位、次いで「職場に両立支援制度がなかった」が2位という結果でした。**

また、要介護者が両立支援制度の対象外だったため、両立支援制度を利用できなかったという離職者も一定割合いることが分かりました。逆に言えば、**制度の利用に繋がっていれば離職を防げたケースもあったと考えられます。**

介護休業の対象となる「要介護状態」とは、どんな状態？

育児・介護休業法に定める「要介護状態」は、「負傷、疾病または身体上もしくは精神上の障害により、2週間以上の期間にわたり、常時介護を必要とする状態」をいいます。

介護保険制度の要介護状態区分においては、要介護2以上であること。あるいは、介護保険制度の要介護・要支援認定を受けていない場合でも、厚生労働省のホームページに掲載されている「常時介護を必要とする状態」の判断基準12項目のうち、一部介助・見守り等などの状態が2つ以上、または「できない・全面的介助が必要など」が1つ以上該当し、その状態が継続すると認められれば「要介護状態」といえます。

「要介護認定を受けていないから介護休業を使えない」と思う前に、しっかり要件を確認しましょう。また、人事労務担当も制度の要件を詳しく知らないケースもありますので、基礎知識として知っておくと良いでしょう。

仕事と介護の両立は「制度の利用」と「情報量」で決まる

働く方々のニーズの多様化にともない、介護と仕事の両立ができる職場環境の整備はますます重要になりました。また、晩婚化・晩産化で、子育てと介護を同時にしなければならない世帯（ダブルケア）の存在も指摘されており、全国で約25万人が直面していると推計されています。

そんな方たちに向けた情報発信として、「家庭と仕事の両立ポータルサイト」では、家庭と仕事の両立に役立つ取組事例、両立体験談、コラムなどの情報を提供しています。

また、企業における女性活躍推進、仕事と家庭の両立支援に関する総合的な情報提供をする「女性の活躍・両立支援総合サイト」（https://positive-ryouritsu.mhlw.go.jp/）や、介護サービスや介護と仕事を両立していくために活用できる介護保険制度や介護休業制度の関連情報を掲載している「介護離職ゼロポータルサイト」などがあります。

介護離職をしないためには、「制度の利用」と「情報量」が必要です。

まずできることから！ 効率的な働き方を身につける

①繁忙時の残業を減らすために、作業リストを作成するなど業務の優先順位を明確にする。
②会議の出席は、議論すべき内容と終了時間をあらかじめ確認しておく。どうしても出席できないときは、資料の提出や議事録の回覧を上司や同僚に頼んでおく。
③自分が手の空いている時は、忙しくしている人を積極的に手伝う。自分が介護が理由で早退やお休みをする時に代行をお願いできる関係を築いておく。
④突然の休暇に備え、仕事を「見える化」しておく。職場が困らないよう、何をてがけているか、進捗がわかるようにしておく。

介護が始まったら臆することなく、職場の助けを借りましょう。困ったときはお互い様です。

❻老老介護や認認介護の厳しい現実

増え続ける65歳以上の高齢者のみ世帯

令和2年版　高齢社会白書の調査によると、日本国内の世帯状況は、65歳以上の高齢者がいる世帯の割合が全世帯の48．9％、約半分という結果となりました。

さらに、この調査では65歳以上の夫婦のみの世帯が約30％であり、単独世帯もほぼ同じ割合を占めることから、合わせると65歳以上の高齢者のみの世帯が60％に迫る勢いであることが分かりました。

また、2019年の厚生労働省の調査によれば、65歳以上の高齢者を、65歳以上の高齢者が介護をする場合の割合は59．7％、という結果を示しています。**つまり、65歳以上の高齢者同士の介護が実に6割近くに上っているのが日本の介護の現実です。**

☆出典：「令和2年版　高齢社会白書（全体版）」

近年ますます増加傾向の「老老介護」とは？

老老介護とは、「65歳以上の高齢者が、高齢者の介護をすること」を言います。具体的には、65歳以上の高齢の夫婦や親子で、あるいは兄弟のどちらかが介護者であり、もう一方が介護される側というケースなどがあります。

高齢者が増えている中、介護の担い手は夫婦間に限らず、「65歳の子供が90歳の親を見る」ということも珍しくなくなりました。これ自体はしっかり受け入れていくべきだと思いますが、改めて高齢者の共倒れを防ぐには、介護保険制度の有効利用や地域との連携がカギになります。

老老介護の世代の問題の一つに、必要な介護サービスの情報が入りずらいという点があげられます。介護する側もされる側も必要な支援を受けられないことで劣悪な生活環境になり、ギリギリの状態を過ぎても介護サービスに繋がっていないケースがあるのです。

介護サービスが入らず困窮している老老介護世帯を見かけたら、支援の手が入るよう地域包括支援センターや市区町村へ連絡してください。

老老介護の次は「認認介護」が待っている

「老老介護」だけでなく、「認認介護」という言葉も聞かれるようになりました。認認介護とは、**読んで字のごとく「高齢の認知症患者を、高齢の認知症の家族が介護する」ことです。**日本の問題として、近年メディアもセンセーショナルに問題提起をするようになりました。

老老介護と同様、長年夫婦が連れ添えばどちらも認知症になることは十分考えられます。また、**老老介護であったものが、知らぬ間に認認介護になっているケースは多くみられます。**互

いが認知症であるため、その自覚症状がないからこそ「潜在的な認認介護」家庭は少なくないとされ、把握できている件数と実態は一致していないとも言われています。

さらに、認認介護の場合はお互いが認知症のため、相手の発言や行動を受け入れる余裕がなく、怒りやイライラに任せて相手を「虐待」してしまうケースもあります。

そこで、**大切なことは「親夫婦のみでなく、子（皆さん）も交えた介護」です。**これは、「子が介護をすべき」と言っているのではありません。子が「親の介護に関与する、マネジメントをする」ということです。親に任せっきりにしないことが救いの手になります。

親が認知症、あるいは心身機能の低下がみられる場合など状況は様々ですが、そこで「**プロを活用する介護**」が重要になってきます。また、どれだけの情報をつかめるかも大きなポイントです。

地域のボランティアやサロン情報などは、インターネットでは見つからないことも多く、地域包括支援センターやケアマネジャー等にも情報提供を求め、あらゆる介護の資源を活用しましょう。

❼ 毎年増加するヤングケアラーとは？　中には小学生も

中学生の17人にひとりが「ヤングケアラー」という現状

最近深刻化している介護問題の中に、「ヤングケアラー問題」があります。国もいよいよ対策に本腰を入れて取り組む流れとなりました。急激に少子高齢化が進む今、皆さんのお子さんやお孫さんにとっても、もはや無関係ではありません。介護をするうえで知っておきたい課題として、皆さんと情報を共有したいと思います。

ヤングケアラーとは、厚生労働省の定義では**「家族にケアを要する人がいる場合に、大人が担うようなケア責任を引き受け、家事や家族の世話、介護、感情面のサポートなどを行っている18歳未満の子ども」**とされています。

厚生労働省と文部科学省のプロジェクトチームは、２０２０年12月から２０２１年１月にかけて、ヤングケアラーの調査を行いました。それによると、**「世話をしている家族がいる」という生徒の割合は、中学生は５．７％。**実に**中学生の約17人に１人がヤングケアラーであるということが分かりました。全日制の高校生の場合は４．１％、約24人に１人がヤングケアラー**という結果に。また、高校生よりも年齢が低い中学生に多いということも深刻な問題です。

介護に割かれている時間についても、平日の１日平均で「中学生が４時間、高校生は３．８

時間」という結果に。さらに、1日7時間以上を費やされている子供は、なんと全体の1割以上いるという衝撃的な結果となりました。学校での勉強や交友関係にも支障が起きていることは間違いありません。

☆出典：「『ヤングケアラー』中学生の約17人に1人　国初の実態調査」―教育―NHKニュース

見えにくいヤングケアラー問題

この問題は対象が子供であるため、非常に潜在化しやすいと言われています。実際にアンケート調査で、「誰かに相談したことがあるか」の問いに対し、「相談した経験がない」と、6割以上の中高生が回答しました。その理由としては、「相談するほどの悩みではない」という理由が最も多く、「相談しても状況が変わらない」という理由も少なくありませんでした。

また、子供であるがゆえ、そもそも自分が「ヤングケアラーである」という認識がない子どもも少なくありませんでした。そして、友達の家に遊びに行ったときに、初めて「自分が普通の家庭ではない」と気付くというケースが多いようです。

さらには、一見するとヤングケアラーは「家事やお手伝いをする良い子」と見えてしまう、つまり「何の問題もない家」、それどころか「よく子育てができている家」と思われてしまうことが、発見を遅らせる原因のひとつになるようです。

ヤングケアラーの孤立

2019年の日本ケアラー連盟が出した「高校生ヤングケアラー調査報告書」によると、ヤングケアラーの実に**約45%がほぼ毎日介護をしているとされています。このことが、学業不振へと繋がっているケースも少なくありません。早退や遅刻、そして欠席しがちになるため、不登校になってしまう可能性も高くなります。**学力低下はもちろん、社会との接点もより減っていくこととなり、ますます孤立を深めていくことになります。

また、介護が理由で進学をあきらめざるを得ない子どもも少なくありません。入る大学や学部を選ばなければ全員が大学に入れる時代と言われる中、高校進学すら危うい子がこの令和の時代にいるということを、私たちは忘れてはいけません。

周りが気づいてあげることが大切

ヤングケアラーの成績不振や欠席日数が増えることを通じて、学校の先生が変化に気づいてあげるケースが多いようです。**こうした大人の目が入ることで、自分の責任能力を超えた介護をしていることに気づき、救いの手を差し伸べることに繋がります。**

介護のプロであるケアマネジャーや介護事業者は、日中やサービス時間帯こそ要介護者本人と関わることができますが、残念ながら介護者である家族全員との接点を持つことはありません。介護者の中に子供がいても、なかなか気づくことはできないのが現状です。

高齢者の介護に限らず、若年であっても脳血管疾患や心筋梗塞、若年性のアルツハイマー型認知症等々を発症することは避けられません。その際、知らず知らずにお子さんの限界を超えるような介護を要求しないこと、そのためには「介護保険制度」の基礎知識を持っておくことが大切です。

❽介護は親の希望と家族の思いを知る作業から

親が望む介護の形とは

厚生労働省は、20歳以上の方に「どこで最期を迎えたいか」という意識調査をしました。それによれば、およそ6割近くが「自宅で最期を迎えたい」と答えました。皆さんも、この答えにおよそ納得されると思います。しかし、この調査対象は「20歳以上」となっており、年齢別に詳しく分析すると違う結果になる可能性があるといえます。

例えば、「65歳以上が望む最期の場所」と「20歳以上64歳以下が望む最期の場所」では、家族構成や生活環境が違うことから、同じとは言い切れません。さらには、「要介護者が望む最期の場所」についても、答えが異なる可能性があります。

「家族の負担になりたくない」が7割

また、調査の中で注目したい項目の一つに、「最期の場所を考える上で重要だと思うこと」という質問がありました。その中で**「家族の負担にならないこと」**という希望が7割以上ありました。解釈はそれぞれですが、筆者の目には**「介護を望む場所は自宅だけが全てではない」**と映った結果となりました。

「自宅介護の希望が最も多い」ことは間違いないのですが、この調査は年齢層や、介護を受けている人、受けていない人の区別なく行っています。親の望む介護の形は、やはり年齢や体調の変化に応じて再確認していくことが必要だと感じます。

介護の現場では、元気な頃は「自宅で最期を迎えたい」と言っていた方が、要介護者になってからは「家族に迷惑をかけたくない」との思いから、施設入所を希望することもよくあります。つまり、**人生最期の状況とは、年齢のほか心身の状況・置かれている環境等によって変化するのです。**

親子でのコミュニケーションを大切に

親の最期をどこで迎えるか、どんな介護を希望するかについてコミュニケーションが不足すると、介護サービスを決定する直前で「そんなことは望んでいない」と親が急に言ってきたり、子供は「前にそう言ったじゃないか」と不穏になったりします。介護サービスを利用するようになったとき、介護度が重くなったとき、入院したときなどの節目には、家族で今後の生活や最期の過ごし方について会話を持つように心がけましょう。

親に対する、子どもの思い

「最期まで親の面倒をみたい」という子供の気持ちは、親への恩返しとしてとても尊いものです。親にとっても、事実はどうあれその気持ちが何よりも嬉しいのではないでしょうか。しかし、最後まで親の面倒をみるということは、「言うは易く行うは難し」です。子育てとは真逆で、介護は時間の経過ごとに困難になっていきます。

もし、やむを得ず介護施設に入所することになっても、悲観する必要はありません。高齢者の日常生活や、その家族を助けるために介護のプロが存在しています。プロが介入し、適切な自立支援や機能訓練を行うことにで、**高齢者にできることが増え、施設での役割ができることもあります。**これにより本来の自信を取り戻し、元気な姿を取り戻す方もたくさんいるのです。

「介護はプロに」、「家族は親の気持ちに寄り添う」ことをおすすめしたいと思います。

❾自宅の介護環境を整えておく

介護しやすい環境つくりは、バリアフリーにすることから

高齢者になると、筋力の衰えから足が不自由になり、階段の段差や玄関の段差等はもちろん、「畳のヘリ」でもつま先が引っかかり転倒することがあります。親が介護状態になる前にできる準備として、まずは家の中を片付け段差をなくし、日中一人で過ごすときも安心していられる環境をつくりましょう。

自宅で介護をする予定なら、介護ベッドを置くスペースや車いすの動線などが必要です。要介護以上と認定されれば住宅改修（住宅リフォーム）を介護保険適用で利用できますが、事前に介護状態になったときの間取りをイメージをしてみると良いでしょう。

今や高齢者の一人暮らしも珍しくない時代です。一人でいるときにケガをしないこと、家の中の危険を減らすことに注力した方がよいでしょう。

インターネットに慣れ親しんでもらう

総務省の「通信利用動向調査」によると、スマートフォンの個人保有率は、20～30代が90％以上スマートフォンを保有しているのに対して、70代のスマートフォン保有者の割合は18．8

%、80代は6．1%と大きな世代間の差があることが分かりました。

皆さんの親は、スマートフォンをお持ちですか？　**インターネットを使えば、お互いに日々の変化が分かるだけでなく、気軽にメッセージや写真を送りコミュニケーションを増やすことができます。**

高齢者が介護状態になると、なかなかスマートフォンを利用しよう、操作を覚えようとはしてくれません。今からW-i-F-i（無線LAN）環境を整え、インターネットに慣れてもらう、便利さを実感してもらうことをおすすめします。W-i-F-i環境があれば、のちにITを使った見守りなどにも利用することもできます。

健康寿命をのばすために、今から筋力強化・維持をする

体操やリハビリの知識があるプロの力を借りて、人がいる安全な環境で筋力強化をはかるのも良いことです。年齢を重ねると、前傾姿勢になりやすく身体にも負担がかかります。また、転倒を恐れて小幅歩きになっていくと、ますます足を上げなくなり転びやすくなるという悪循環に陥ります。

要介護認定を受けている人は、リハビリ型デイサービスなどの施設へ、まだ認定を受けていない人はお住いの地域包括支援センターなどが主催する体操教室などを利用することができます。家でも簡単に行うことができるメニューを組んでもらうこともできます。

人生１００年時代、健康寿命をいかに延ばすかが長寿国に住む私たちの課題です。

3章

ここだけは押さえておきたい！
介護保険制度・要介護認定のポイント

❶ 5分で分かる！ 介護保険制度のしくみ

介護保険制度とは「高齢者や介護者を支えるしくみ」

皆さん、「介護保険制度」という言葉はご存知だと思います。でも、どんな制度かパッと答えられる人はきっと少ないでしょう。**介護保険制度とは、簡単に言うと「相互扶助」のしくみです。**高齢化や介護離職問題などを背景に創設されたもので、介護を社会全体で支えることが目的です。**保険料を負担し、そしてサービスを利用したときは応分の費用を負担します。**

介護保険の被保険者は、65歳以上の方（第1号被保険者）と、40歳から64歳までの医療保険加入者（第2号被保険者）に分けられ、第1号被保険者は要介護認定または要支援認定を受けたときに原因を問わずに介護サービスを利用することができます。

一方、第2号被保険者は加齢に起因する特定疾病が原因で要介護（要支援）認定を受けられれば、介護サービスを利用することができます。介護保険制度があることで、親を介護することに対する不安だけでなく自分自身の老後の不安も軽減することができます。

日本は国民皆保険制度であるため、医療保険加入者とは実質的に国民全員が対象になります。また、加入するかどうかの選択はできず、実質的に強制加入となり、脱退もできません。

なお、海外居住者（日本国内に住所がない方）、在留期間3ヵ月以下の外国人、適用除外施設に入所している方は介護保険の被保険者にはなりません。

介護保険加入の対象者

①65歳以上の方（第1号被保険者）
②40歳から64歳の医療保険加入者の方（第2号被保険者）
40歳になると自動的に資格取得となり、65歳になると第2号被保険者から、第1号被保険者に切り替わります。

受給要件

・要介護（要支援）状態であること　※要介護（要支援）認定を受ける必要があります
・第2号被保険者（40歳から64歳の方）は、老化に起因する『特定疾病』であること

〈特定疾病とは〉
①がん　医師が一般的な知見では回復が見込めない状態に至ったと判断したもの
②関節リウマチ
③筋萎縮性側索硬化症（ALS）
④後縦靱帯骨化症

⑤骨折を伴う骨粗鬆症
⑥初老期における認知症
⑦進行性核上性麻痺、大脳皮質基底核変性症およびパーキンソン病
⑧脊髄小脳変性症
⑨脊柱管狭窄症
⑩早老症
⑪多系統萎縮症
⑫糖尿病性神経障害、糖尿病性腎症および糖尿病性網膜症
⑬脳血管疾患
⑭閉塞性動脈硬化症
⑮慢性閉塞性肺疾患
⑯両側の膝関節または股関節に著しい変形を伴う変形性関節症

介護保険料の支払いについて

介護保険の保険者（運営）は、お住いの市区町村となります。介護保険料の納付方法は、第1号被保険者（65歳以上）と第2号被保険者（40歳から64歳まで）とで異なります。

（第1号被保険者）

・65歳になった月から徴収開始
・市区町村と特別区（東京都の23区）が徴収する
・原則として年金からの天引きとなる

（第2号被保険者）

国民健康保険に加入している場合
・40歳になった月から徴収開始
・国民健康保険の保険料と一体的に徴収

健康保険組合などに加入している場合
・健康保険の保険料と一体的に徴収される
・原則、医療保険料と同様に、介護保険料の1／2を事業主が負担する

保険料納付は義務、サービスは申請主義

実質的にすべての国民は、本人の意思に関わらず、40歳になると会社の社会保険料として自動的に介護保険料の天引きされます。あるいは納付書で介護保険料を支払うことになります。

しかし、いざ介護保険サービスを使う時はどうでしょう。

65歳になって介護保険被保険者証が手元に届いたのに、サービスについて知らない、あるいは介護サービスが必要な時期を過ぎているのに、利用につながっていないということがしばしば起こります。

なぜそんなことが起きるのでしょう。

それは、**介護保険制度では保険料の納付は「義務」で、介護サービスの利用は「申請主義」だからです。**申請しないと、介護サービスを受けることができません。

親やご自身の持つ権利をしっかり行使し、介護状態の親に自分らしい生活を維持継続してもらうこと、そしてご自身の生活を守り介護離職を防ぐために介護サービスを活用しましょう。

それが、国が目指している「介護のしくみ」です。

❷サービス利用開始までの流れ

市区町村、お住いの「地域包括支援センター」へ

ご自身やご家族が、突然のケガや病気をきっかけに介護状態になってしまったら、一人で抱え込まずに、遠慮せずに介護保険サービスを使いましょう。

介護保険サービスを利用するには、要介護（要支援）認定を受ける必要があります。認定を受けるための手続きは、以下の通りです。

①申請

介護サービスの申請には、65歳以上の方なら「介護保険被保険者証」、40歳から64歳の方は「医療保険者の被保険者証」が必要です。

保険者はお住いの市区町村ですので、連絡するのは要介護者がお住いの市区町村か地域包括支援センター（名称は市区町村によって異なる）となります。65歳以上で、すでにお手元に介護保険被保険者証がある方は、介護保険被保険者証からも保険者や市区町村の連絡先（住所・電話番号）を確認することができます。

まだお手元に介護保険被保険者証がない方や、ご家族の申請を代行する場合は市区町村や地域包括支援センターのHPなどでご確認ください。

（申請に必要なもの）

・介護保険被保険者証　※40歳～64歳までの方は医療保険者の被保険者証
・介護保険要介護認定・要支援認定等申請書
・マイナンバーカードまたは通知書カードなど

・その他、印鑑や本人確認および代理人確認、代理権確認書類など。詳しくはお住いの市区町村にご確認ください。
・かかりつけの医師がいる場合は、申請時に主治医の氏名・病院名・所在地・連絡先など（入院されている方は病院名など）を伝えられるようにしておきましょう。かかりつけの医師がいない方は、市区町村の指定医による診察を受けることになります。申請時に相談してください。

（申請者）
・原則としてご本人、家族
・ご本人や家族が申請に来られないときは、地域包括支援センターや介護保険施設、居宅介護支援事業所のケアマネジャーが代行することができます。
※入院中の方で、入院先の病院に医療連携室などがある場合は、介護サービスの利用を希望していることを相談してみましょう。申請代行をしてくれるケアマネジャー（居宅介護支援事業所）を紹介してもらえることがあります。

②要介護認定・調査
申請をすると、ご自宅や入院先に市区町村の「認定調査員」が訪問します。介護サービスを

受ける対象者の心身の状況を、ご本人や家族からヒアリングをして調査します。

また、判定に必要な主治医（かかりつけ医）の意見書の作成は、市区町村から直接医師へ依頼します。調査の内容は全国共通です。

③審査・判定

「介護認定審査会」で、認定調査の結果と主治医意見書をもとに、どのくらいの介護が必要かを判定します。第2号被保険者（40歳～64歳の方）は、介護が必要になった原因が特定疾病によるものかを合わせて確認します。

④認定結果の通知

原則として、30日以内に市区町村から通知が届きます。ただし、書類に不足があったり、不備があった場合はこの限りではありません。

⑤ケアプランの作成

介護サービスを利用するには、「ケアプラン（介護サービス計画書）」が必要です。要介護（要支援）判定がでたら、介護サービスの利用に向けて手続きを進めましょう。

（要介護1〜5と認定された方）

在宅で介護サービスを利用する場合、居宅介護支援事業所と契約をします。契約した事業所に在籍しているケアマネジャーにケアプラン（介護サービス計画書）を作成してもらいましょう。

基本的にケアマネジャーは担当制になっており、心身の状態に変化があった場合やケアプランを変更したい時は担当ケアマネジャーに相談します。

（要支援1〜2と認定された方）

地域包括支援センターの担当者に、介護予防ケアプラン（介護予防サービス計画書）を作成してもらいましょう。

（非該当の方）

「非該当」と認定された方も、市区町村が行う介護予防事業（地域支援事業）を利用できる場合があります。お住いの市区町村や地域包括支援センターへお問い合わせください。

（施設へ入所を希望する方）

施設に直接申し込みます。

⑥サービスの利用開始

介護サービスを提供してくれる「サービス事業者」と契約をしたら、サービスが開始されます。

サービス利用開始時には、ご自宅などで担当者会議が開かれます。担当者会議には、ケアプランに沿った介護サービスを提供してくれるサービス事業者が参加します。

その際、介護保険被保険者証と介護保険負担割合証を提示しましょう。ご本人だけでなく、できるだけご家族も同席してください。

★参考：厚生労働省「公表されている介護サービスについて」

❸要介護認定申請と介護度をかんたん解説

要介護認定とはなにか

介護保険制度では、介護保険サービスを利用したい被保険者は、市区町村より「要介護認定」の判定を受け、その段階に応じたサービスを受けられるしくみになっています。

要介護認定は、対象者の要介護状態がどの程度か判定を行う重要な審査です。

具体的には、寝たきりや認知症によって常時介護が必要になったり（要介護状態）、家事や

（要介護状態区分等と要介護認定基準時間）

区分	要介護認定等基準時間	低下がみられる日常生活能力※
非該当	25分未満	―
要支援1	25分以上　32分未満	起き上がり、立ち上がり
要支援2 要介護1	32分以上　50分未満	買い物、日常の意思決定
要介護2	50分以上　70分未満	歩行、洗身、簡単な調理、薬の内服
要介護3	70分以上　90分未満	排せつ、衣服の着脱、寝返り
要介護4	90分以上 110分未満	座位（座った姿勢）、立位、洗髪
要介護5	110分以上	上記以外に、食事摂取、短期記憶等

※日常生活能力は目安であり、全ての判定にあてはまるわけではありません

身の回りの日常生活支援が必要になった（要支援状態）と判定されれば、介護サービスを利用することができます。

判定は、市区町村に設置された「介護認定審査会」で行われます。判定の基準は全国一律です。

★参考：厚生労働省「介護認定審査会委員テキスト２００９（改訂版）」

判定の結果は7つに分けられる

要介護認定の結果は、要支援1・2から要介護1～5までの7段階と「非該当」に分けられます。区分によって、受けられる介護サービスの種類や時間が違います。低下が見られた日常生活能力に応じて、最も軽度な要支援1から重度の要介護5までの区分があります。

要介護認定の流れ

要介護認定では、市区町村の認定調査員が、ご自宅や入院先の病院へ訪問し、心身の状況調査（認定調査）を行いま

す。

また、市区町村から依頼する、かかりつけ医（主治医）が書いた**心身の状況についての「主治医意見書」に基づき、コンピューター判定（一次判定）が行われます。**

主治医がいない場合は、市区町村の指定医の診察が必要です。

介護認定審査会（二次判定）では、一次判定の結果と主治医意見書を照らし合わせ、総合的に審査判定を行います。介護認定審査会は、保健・医療・福祉の学識経験者により構成され、各専門分野のエキスパートが連携して客観的に審査判定するしくみとなっています。

そして、この結果に基づき市区町村が「要介護認定」を行います。

①一次判定で行うこと

コンピューター判定（一次判定）では、まず5つの分類に「介護の手間」をあてはめ、介護の手間を「分単位」の時間に算出することで、総合的に審査判定を行います。実際のケアの時間と全く一致するものではありませんが、一次判定ソフト（コンピューター）がどんな行為に対して「介護の時間を要する」と判断しているか、具体的には次の5つとなります。

ここで示した5つの分類以外にも、その他認知症や特別な医療の有無、また特記事項（基本調査では把握できない、対象者の具体的な固有の手間など）も審査項目となります。

（要介護認定等基準時間の分類）

直接生活介助	入浴、排せつ、食事等の介護
関節生活介助	洗濯、掃除等の家事援助等
BTSD（行動・心理症状）関連行為	徘徊に対する探索、不潔な行為に対する後始末など
機能訓練関連行為	歩行訓練、日常生活訓練等の機能訓練
医療関連行為	じょくそう（床ずれ）の処理等の診療の補助など

②二次判定で行うこと

介護サービスの必要性（どのくらい介護サービスを行う必要があるか）の判定は、介護認定審査会が、コンピューターによる一次判定と主治医意見書を基に、改めて内容を見直し、客観的で公平な判定を行います。

市区町村による「要介護認定」

介護認定審査会の結果を基に、市区町村が要介護認定を行います。

原則30日以内に、認定結果通知と要介護・認定期間などが記載された介護保険被保険者証が届きます。これにより介護サービスの利用を開始することができます。

もし要介護・要支援認定の結果に不服があった場合は、まず市区町村の介護保険課に問い合わせましょう。（詳しくは3章74ページをご覧ください。）

❹ 介護認定審査会委員が教える！　介護度判定のポイント

介護サービスの量を左右する「介護区分」が大切

介護サービスを受けるため、要介護認定の申請を終え、まずはひと段落！　とほっとする方も多いと思います。

しかし、介護サービスを開始するには要介護認定の判定で「要介護（要支援）状態である」と認められなくてはなりません。

同居の在宅介護を選択する方、通いの介護や施設入所を選択する方、状況はそれぞれかと思いますが、各家庭にどのくらいの「介護力（介護を提供できる能力）」があるかによっても、必要な介護度（区分）は違います。

ここでは、**介護をスタートするにあたり重要な介護度（区分）判定のポイントについて、介護認定審査会委員としてお話しします。**

各家庭によって、介護をする家族の人数や年齢はバラバラです。もし現役の方が一人で介護をする場合、日中は家に誰もいません。

では、日中どのくらいの介護サービスがあれば、要介護者が支障なく日常生活を過ごせるか？　家族介護者も仕事を辞めずに済むか？　という視点で考えてみましょう。

また、一日家にいる介護者がいたとしても、高齢のご夫婦なら「老老介護」となり、やはり介護力が高いとはいえません。ご家族の介護力が低い場合、そこを「介護サービス」で補うことができるか？　などを考えると、おのずと必要な介護区分、在宅介護か施設入所かが想像できるのではないでしょうか。

介護をするうえで、「公的介護サービスの量」と、「地域や家族の介護力」のバランスがとても大切なのです。

介護認定審査会ではどんなことをしているのか

要介護の申請をすると、前述したように、ご自宅や入院先に市区町村の「認定調査員」が訪問し、対象者の心身の状況をご本人や家族からヒアリングします。そして、ヒアリングの結果から一次判定ソフト（コンピューター）によって要介護認定等基準時間と呼ばれる「介護の手間」を診断します。

介護認定審査会は、認定調査員や主治医から得た情報から、通常の例と比べて介護にかかる時間が長いか短いか、**実施している介護が不適切ではないかなどを総合的に判断します。**そして明確な根拠をもとに、**必要に応じて（コンピューターによる）一次判定を変更することができる唯一の機関です。**介護認定審査会は、第三者に対して原則非公開です。

役　　割：一次判定の情報
委員の構成：保健、医療、福祉に関する学識経験者のチーム
任　　命：市区町村　※保険者である市区町村職員は原則として委員になることはできません
委員の任期：2年
★参考：厚生労働省「要介護認定介護認定審査会委員テキスト　2009（改訂版）」（平成24年4月）

必要な介護区分を判定してもらうにはどうしたら良いか

介護をするうえで、「適切な介護度」に認定されていることがとても重要です。今の状態に合った介護サービスが受けられないと、介護者の負担が増え、やがては介護離職、高齢者虐待に陥るケースもあります。

結果的に高齢者の身体的状態を悪化させる可能性があることから、お互いが安心して生活するための「介護度判定のポイント」をお伝えします。

普段の介助について「どのように介助されてますか？」と聞かれたら、具体的な事例を添えて答えましょう。ご本人は羞恥心から、できないことも「できる」と答えてしまうことがありますので、要介護認定の日はぜひご家族が同席することをお勧めします。

ポイント❶ 正しい要介護認定のカギを握るのは家族

要介護の申請をすると、自宅や入院先の病院に「認定調査員」が訪問してくれます。目的は、高齢者（対象者）の今の介護状態を確認することです。

今できていないこと、困っていることを本人に代わってしっかり伝えましょう。**できる、できないの2択ではなく、体調によって身体の状況にも変化があるならば、それも含めて伝えるべきです。**

エピソードをつけて、「より具体的に」がポイントです。

（例）

・一人でも歩けています

⬇歩き始めにふらつくことが多いので、室内移動の時も歩行介助をしています

・ときどき車いすを使っています

⬇最近は小さな段差でも転ぶようになったので、屋外は車いすを使っています

・トイレは一人で行けます

⬇一人でトイレに行けるが、間に合わず失敗していることがあります。週に2～3回はトイレの後片付けと掃除をし、着替えを手伝っています

・夜いつの間にか出かけてしまいます
⬇認知症が進み、昼夜逆転しています。月に1～2回は徘徊してしまい、その都度警察から
　連絡が入って迎えに行くことで、会社にも迷惑をかけてしまっています

調査員はこんなところもチェックしている！

要介護申請の際、高齢者ご本人や家族は「一人で歩けない」と言っているのに、家には杖や車いすがない、玄関に段差があるのに手すりもついていない場合はやはり辻褄があいません。**調査員は、目に見える、確認しえることを判断基準とするため過大申告は通用しません。**また、当日の体調が悪い場合は普段の様子が分からないことから延期になることもあります。

★参考：厚生労働省「要介護認定認定調査員テキスト　2009（改訂版）」（平成30年4月）

ポイント❷　主治医意見書

主治医意見書は、なるべくかかりつけ医からもらうようにしましょう。長年の病歴だけでなく、今現在の疾患の状況を詳しく記載してもらえるほど正しい判定ができます。

この場合も、高齢者ご本人だけでなくご家族が付き添いましょう。医師から聞かれた質問に対して、親が見栄をはってしまい「できます」と言ってしまうのを防ぐためです。

また、介護をするうえで家族が困っていること、排泄の問題や昼夜逆転して家族が眠れない、認知症で徘徊してしまうことなど、本人の前で言いづらいことはメモで伝えましょう。

主治医意見書のコメントに、必要な介護サービス名や要介護●相当との見解を書いて下さる場合もあります。かかりつけの医師がいない方は、市区町村の指定医による診察を受けることになります。申請時に相談してください。

❺認定調査員に質問される項目とは？

認定調査員による基本調査は、全部で74項目あります。大まかにわけて、「身体機能・起居動作」「生活機能」「認知機能」「精神・行動障害」「社会生活への適応」の5つです。また、これ以外に過去14日間に受けた医療行為についても質問されます。

どんな項目があるのか、参考に一覧表を載せておきますのでご確認ください。

調査対象者に、実際に行ってもらうもの、あるいは状況を聞き取るものです

74項目をヒアリングし、次のように能力を評価していきます

(例)

身体介助関係（見守りや声かけをすることでできる場合も評価する）

①支援が不要
②見守り等の支援が必要
③部分的な支援が必要
④全面的な支援が必要　など

日常生活関係（普段過ごしている環境ではなく、自宅・単身の生活を想定して評価）
①支援が不要
②部分的な支援が必要
③全面的な支援が必要　など

認定調査員は、このように各項目に沿って介護の手間を判断します。評価方法は、この項目ができる、できないという単純な選択ではなく複数の段階に分けて評価しています。

更に、介護の手間は実際の「量」がどのくらい発生しているか、「頻度」が重要であるため、「ときどき」や「頻繁に」という個人によってイメージが一定ではない言葉は使わず、具体的な数字で、週に2〜3回という数量を用います。介護の頻度を正確に伝えるために必要な情報なので、「介護にかかった具体的な回数」を記録することも大切です。

（基本調査項目の選択基準について）

		評価軸			調査内容				
		① 能力	② 介助	③ 有無	① ADL・起居動作	② 認知	③ 行動	④ 社会生活	⑤ 医療
身体機能・起居動作	「1-1麻痺（5）」			○	○				
	「1-2拘縮（4）」			○	○				
	「1-3寝返り」	○			○				
	「1-4起き上がり」	○			○				
	「1-5座位保持」	○			○				
	「1-6両足での立位」	○			○				
	「1-7歩行」	○			○				
	「1-8立ち上がり」	○			○				
	「1-9片足での立位」	○			○				
	「1-10洗身」		○		○				
	「1-11つめ切り」		○		○				
	「1-12視力」	○			○				
	「1-13聴力」	○			○				
生活機能	「2-1移乗」		○		○				
	「2-2移動」		○		○				
	「2-3えん下」	○			○				
	「2-4食事摂取」		○		○				
	「2-5排尿」		○		○				
	「2-6排便」		○		○				
	「2-7口腔清潔」		○		○				
	「2-8洗顔」		○		○				
	「2-9整髪」		○		○				
	「2-10上衣の着脱」		○		○				
	「2-11ズボン等の着脱」		○		○				
	「2-12外出頻度」			○				○	
認知機能	「3-1意思の伝達」	○				○			
	「3-2毎日の日課を理解」	○				○			
	「3-3生年月日をいう」	○				○			
	「3-4短期記憶」	○				○			
	「3-5自分の名前をいう」	○				○			
	「3-6今の季節を理解」	○				○			
	「3-7場所の理解」	○				○			
	「3-8徘徊」			○		○			
	「3-9外出して戻れない」			○		○			
精神・行動障害	「4-1被害的」			○			○		
	「4-2作話」			○			○		
	「4-3感情が不安定」			○			○		
	「4-4昼夜逆転」			○			○		
	「4-5同じ話をする」			○			○		
	「4-6大声を出す」			○			○		
	「4-7介護に抵抗」			○			○		
	「4-8落ち着きなし」			○			○		
	「4-9一人で出たがる」			○			○		
	「4-10収集癖」			○			○		
	「4-11物や衣類を壊す」			○			○		
	「4-12ひどい物忘れ」			○			○		
	「4-13独り言・独り笑い」			○			○		
	「4-14自分勝手に行動する」			○			○		
	「4-15話がまとまらない」			○			○		
社会生活への適応	「5-1薬の内服」		○					○	
	「5-2金銭の管理」		○					○	
	「5-3日常の意思決定」	○				○			
	「5-4集団への不適応」			○			○		
	「5-5買い物」		○					○	
	「5-6簡単な調理」		○					○	
その他	「特別な医療について（12）」			○					○

❻誰も教えてくれない、正しい「主治医意見書」のもらい方

主治医意見書とは？

介護保険サービスを利用するためには、介護の必要性と介護の程度等について市区町村から認定を受けなくてはなりません。

要介護認定では、申請者に主治医がいる場合は、主治医から意見を求めることとされています。

主治医の意見によって、**介護保険サービスを利用できるかできないか、あるいは介護認定のレベルにも関わってくるため、**主治医意見書の役割はとても大きいと言えます。

どんなことが書かれているのか

介護をするうえで欠かせないのが医療との連携です。要介護の申請をするときには、必ずこの「主治医意見書」が必要になります。主治医意見書に書かれる主な項目です。

①生活機能低下の直接原因となっている傷病とそれに関する所見
②申請者が第二号被保険者（40歳から64歳まで）の場合、生活機能低下の原因が特定疾病かど

うかの確認
③医学的観点から、介護の手間がどの程度になるのかの意見や具体的な状況
④医学的観点から、状態の維持・改善の見通しはあるか。あるいは、心身の状態が安定しておらず認知症等により予防給付等の利用や理解が困難である場合の所見
⑤申請者が過去14日間に受けた医療（家族・本人が行える類似の行為は除く）について
⑥日常生活の自立度や、認知症による短期記憶や意思決定能力など心身の状態
⑦身体の麻痺や欠損、筋力低下などの心身の状態
⑧医学的観点から、申請者が利用する必要があると考えられる医療系サービスについて
⑨歩行や移動、食生活などの生活機能に関する留意事項など
⑩認知症の周辺症状について
⑪その他、精神・神経症状など（失語、せん妄など）
⑫感染症の有無など

★参考：千葉県医師会「主治医意見書記入の手引き（別添2）」

主治医意見書をもらう時のポイント

要介護認定の判定結果は、介護者にとっては切実な問題です。自宅介護をする方はもちろん、施設入所を検討している場合も、施設によっては介護度が高いことが要件になってきま

す。

例えば特別養護老人ホームへの入所を希望している場合、介護度が低いと申込みの対象になりませんし、仮に申込みの対象となっても介護度が低いと緊急性が低いと見られ入所の優先順位が下がったりします。

現状に見合う介護度を判定してもらうには、どのようなことに気を付ければ良いのでしょうか？ ポイントをまとめました。

・必ず家族が同席する。本人が正確に答えられないものや、日常生活でできなくなったことを隠そうとするシーンには、本人に代わって日頃の日常生活について答える
・日常生活に支障が出ていることについて、エピソードを添えてできるだけ具体的に伝える
・本人の前で言いづらいこと（トイレを汚したり失敗する、金銭管理ができなくなった、物忘れがひどく探し物ばかりしているなど）はメモにして渡す
・買い物や外出の頻度、一人で電車やバスに乗れなくなったことがあれば必ず伝える
・認知症を発症している場合は伝える（主治医が全て把握しているわけではない）
・筋力低下による転倒やケガがある場合、その頻度などを伝える
・本人にとって必要な介護度と、その根拠となるエピソードを伝えてみる

主治医に現状を事細かに伝えたとしても、必ずしも希望する介護度が判定されるとは限りません。

しかし、長期間にわたり医学的な管理を行ってきた主治医の意見の方が、より正確に申請者の状況を把握していることが明らかな場合、介護認定審査会は認定調査員の調査結果を修正して判定をすることもあります。

主治医意見書をもらうときのポイントは、具体的に介護にかかる手間の回数（数字）や頻度を伝えきることです。

❼ 要介護認定の「不服申し立て（審査請求）」とは？

要介護・要支援認定の新規申請をすると、原則30日以内に認定結果が通知されます。

その際、**ご自身の希望していた介護度が判定されなかったとき、見込みより低く判定された場合の救済制度として不服申し立て（審査請求）があります。**

介護保険の被保険者は、日常生活動作に支障が生じたとき、介護保険サービスの利用をすることができます。ただし、要介護・要支援認定を受けることなく介護サービスを利用した場合は、介護保険の給付対象にはならず全額自費となります。また同様に、要介護・要支援認定によって判定された給付額の上限をオーバーして介護サービスを利用すると、オーバーした分は保険給付対象外（自費）となります。

このように、要介護・要支援認定は、被保険者（高齢者）にとってサービスの種類や利用時間の選択に大きな影響を与えることから、法的に協議するためのルートとして不服申し立て（審査請求）という制度が設けられています。

窓口は市区町村か介護保険審査会

要介護・要支援認定の結果に不服があった場合の問い合わせ先、窓口は市区町村の介護保険課です。要介護・要支援認定の考え方や、認定経過などについて詳しく説明してもらうことができます。

それでも納得がいかない場合は、都道府県に設置された「介護保険審査会」に不服申し立て（審査請求）をすることができます。**審査請求とは、市区町村が行った処分に違法または不当な点はないかを審査し、理由があると認めた場合には全部、または一部の判定のやり直しを求めることです。**申請期間は通知を受け取った日の翌日から起算して3か月以内です。（詳しくはお住いの市区町村にお問い合わせください。）

ただし、**不服申し立てをしたとしても、必ず希望の判定（区分）が出るとは限りません。**同じ結果、場合によっては更に軽度と判定されることもあります。

市区町村の介護保険課担当者の説明を聞き、よく検討したうえで行いましょう。

不服申し立ての手続きの流れは次の通りです。

①要介護認定の通知
②不服申し立て（審査請求書提出）※通知を受け取った翌日から起算して3か月以内
③審査請求の受理（介護保険審査会）
④弁明書の提出（市区町村）
⑤反論書の提出（被保険者）
⑥必要に応じて調査の実施（介護保険審査会）
⑦介護保険審査会の開催
⑧裁決
※期間は数ヶ月かかります

不服申し立てをする前に知っておきたいポイント

再審査に時間がかかること、その間介護サービスが使えないこと、あるいは実費になる可能性があること、希望した判定（区分）がでるケースばかりとは限らないことなど

（裁決の種類）

・却下：審査請求の期間経過後であるとき、その他不適当であるとき
・棄却：審査請求に理由がないとき（市区町村の処分は適法、妥当なものとする）
・取消：審査請求に理由があるとき（市区町村の処分が取り消されます）

早く再審査をしてほしいときは「区分変更」も有効

不服申し立て（審査請求）が通り介護保険審査会が市区町村の要介護・要支援認定を「取消」した場合、市区町村は再度、要介護・要支援認定を行わなくてはならず、そのため新たな**判定をするまでにはおおむね3ヵ月ほどかかる**ことを覚えておきましょう。

とはいえ「1日も早く介護サービスを利用したい」のがご家族の本音ではないでしょうか？そんな時は「区分変更」という方法があります。

区分変更とは、認定調査を受けた時点まで遡らず、現時点で心身の状況が変化しているということを理由に、要介護認定の区分変更を求める申請です。

また、一度出た要介護・要支援認定が取消になることはないため、希望の介護度ではなかったとしても介護保険の給付を受けられることから、不服があった場合でも現実的にはこの方法を使うことが多いようです。

区分変更の審査期間はおおむね30日程度です。必ずしも希望の判定（区分）になるかは分か

りませんが、不服申し立てか、区分変更のどちらかで迷ったら、まずは担当のケアマネジャーへ相談しましょう。

❽介護保険被保険者証の更新、区分変更

要介護認定には「有効期限」あり―更新手続きについて

要介護認定には、期間が定められています。継続して介護サービスを利用する場合は、介護保険被保険者証に記載してある有効期限を確認しておきましょう。

有効期限が過ぎて利用した介護サービスは、全て介護保険対象外になりますので注意が必要です。更新の申請は、有効期限の60日前からできます。

既に介護サービスを行っていれば、担当のケアマネジャーが代行して手続きをしてくれることもありますが、有効期限が終了する前に、早めに更新手続きをしましょう。

更新申請の「認定有効期間」は、原則12ヵ月、3ヵ月～36ヵ月です。

ただし、令和3年4月からは、直前の要介護度と同じ要介護度と判定された方は36ヵ月から48ヵ月に延長することが可能になりました。

（認定有効期間）

・新規申請　：3か月～12ヵ月　※原則6ヵ月
・区分変更申請：3か月～12ヵ月　※原則6ヵ月
・更新申請　：3か月～36ヵ月（直前の介護度と異なる要介護度の場合）※原則12ヵ月
　　　　　　　3か月～48ヵ月（直前の介護度と同じ要介護度の場合）　※原則12ヵ月

更新申請に必要な書類は次のようになります。

（本人申請の場合）

○要介護・要支援更新認定申請書
○主治医意見書
　かかりつけの医療機関で受診されるときに、主治医意見書を持参して、更新申請する旨を伝え、記入の依頼をしてください（介護保険問診票なども、あれば一緒にお渡しください）
○介護保険被保険者証（介護保険証）
○本人のマイナンバーが分かるもの（マイナンバーカード、通知カード等）
○本人の認印
○身分証明書（詳細はお住まいの市区町村にてご確認ください）

○健康保険被保険者証（第2号被保険者　※年齢が65歳以下の場合）など

（代理申請の場合）

本人申請書類に加え、必要な書類です。詳しくはお住いの市区町村へご確認ください。

○代理申請者の身分証明証
○代理申請者の認印など

更新申請の流れ

①申請
②主治医意見書の作成依頼
③訪問調査
　心身の状態などを確認するため、調査員が病院やご自宅などに訪問します（以下は新規申請と同じ流れです）
④一次判定
⑤介護認定審査会（二次判定）
⑥認定結果通知　※30日程度

急な体調の変化には？「区分変更」

介護サービスを利用している間に、申請時と比べて心身の状態が大きく変化することがあります。介護にかかる時間が増え、「現状の介護サービスでは足りない」と感じた時は、前節でご紹介した「区分変更」申請を検討しましょう。

前述のように、区分変更とは、認定有効期間の更新を待たずに、認定の見直しを申請することです。担当ケアマネジャーや入所施設へよく相談し、ケアプランの見直しなども一緒にお願いしましょう。区分変更申請をすると、おおむね30日程度で結果通知が届きます。

介護保険被保険者証の有効期限

介護認定を受けている方は有効期限がありますが、介護認定を受けていない方の介護保険被保険者証には、有効期限はありません。記載内容に変更がない限り改めて発行はされませんので、大切に保管しましょう。

★参考：倶知安町「保険・年金くらしの情報」

❾ 介護が始まる前に家族の「役割分担」を決めよう

誰がメインで親の介護をするか？

介護をしていくうえで中心となる人物を「キーパーソン」といいます。**介護でいうキーパーソンとは、医療・介護サービス事業者との情報共有や、親の意見を尊重し、且つ家族の意見を取りまとめるという重要な役割を持っています。**

親が倒れたら、まずはこのキーパーソンを決める必要があります。理想は親が倒れる前に話し合っておくことですが、急なケースの場合は親の入院中に話し合いの時間を持つことになるでしょう。

夫婦間で介護をする場合はキーパーソンが明確ですが、子が親の介護をする場合、どのように話を進めれば良いのでしょうか。

トラブルを避けるには最初の話し合いが肝心

親の介護といっても、自分がまだ子育てをしているケースもあるでしょうし、夫婦で共働きをしている家庭もあります。兄弟でも事情は様々、最初から介護の環境が整っている人は基本的にいないと考えた方がよいでしょう。

そんな中、いまだに「介護は長男の嫁がするべき」とか「女性がみるべき」という思い込みや決めつけがあるようです。親の介護をしても、親に家や財産があるとは限りませんし、あったとしても兄弟姉妹で平等に分けられてしまうのでは金銭的メリットもありません。

女性が仕事を持つ時代になった現代において、こうした不平等は大きなトラブルのもとになるといえます。大昔の風習に縛られず、正しい話し合いの場を持ってもらいたいと切に思います。

さて、介護においては**民法上直系血族及び兄弟姉妹は互いに扶養する義務があると定められていることをご存じでしょうか。**また、夫婦間にも扶養義務（同居、協力及び扶助の義務）があります。介護の役割分担を話し合う上で、ぜひ皆さんで共有していただきたい大切な事項です。

（民法第877条1項）

直系血族及び兄弟姉妹は、互いに扶養する義務がある

※直系血族とは、父母・祖父母・子ども・孫などの親子関係でつながる系統のこと

親の介護の場合、子ども、つまり兄弟姉妹たちは同等に親を扶養する義務があると定められています。**生まれた順番や親と同居しているか否かは関係ありません。親の扶養義務は法律上**

放棄はできません。
後々トラブルにならないよう、話し合いの段階でここをしっかり抑えておきましょう。

扶養義務の範囲と「義務」について

先述したように、**兄弟姉妹が親を介護する場合においては、生まれた順番や同居等の条件は関係なく優劣もありません。**そのため、扶養義務者は当事者間で決めることが基本です。

しかし、どうしても話し合いができなかった場合は家庭裁判所に申し立てをすることができます。扶養義務について、その範囲や内容は次の2つです。

（同居などの身体的介護（義務ではない））

扶養義務のある人が、親の身体的介護（同居扶養など）を承諾した場合にはそれを採用することができます。もし身体的介護が難しい場合は、施設入所などを検討することになります。

（経済的支援（義務））

扶養義務とは、原則として経済的な支援を指しています。身体的介護は義務ではありません。**経済的支援の程度は、扶養義務者が社会的地位や収入などに応じた生活ができる範囲と考えられています。**

金銭的には余裕があるけれど、仕事や育児に追われ身体的介護はできないという場合は、身体的介護ができる兄弟に任せ、自分は金銭的支援をすることも一つの解決策です。

もちろん、だからといって任せっぱなしにするのではなく、通院のときには当番制で付き添うとか、休日には顔を出し、普段介護で疲れている兄弟を休ませるなどの配慮が必要です。

このように、**自分のできる範囲で親を扶養していくこと、そして経済的支援を続けるためにも介護離職は避けたいところです。**

役割分担と介護サービスのフル活用

前述のように、介護の分担については、「身体的介護」と「経済的支援」に分けて考えましょう。そして、介護が一人に集中しないよう、自分のできる範囲はどこまでなのか、親の介護にかけられる時間も含めて兄弟たちと話し合いましょう。

自分の忙しさ、大変さばかり主張しあっていても何も話が進みません。また、こうした重い課題を話し合うタイミングとしては、やはり親が元気な時が理想です。

とはいえ、突然の救急搬送や止むをえない事情もあることと思います。

日本には家族介護者をサポートしてくれる介護保険サービスもあります。いざというときは、地域包括支援センターやケアマネジャー、介護のプロに知恵を借りて、いかに介護の負担を軽くできるかを一緒に考えてもらいましょう。

⑩ケアマネジャーの探し方、選び方

ケアマネジャー（介護支援専門員）は何をしてくれる人？

ケアマネジャーとは、要介護者や要支援者への相談業務、**心身の状況に応じた適切なサービスを受けられるようケアプラン（介護サービス提供についての計画）の作成、市区町村や施設との連絡調整をしてくれる役割を持つ人**であり、利用者が自立した日常生活を送るために課題の把握を行ったうえで必要な援助をしてくれる介護の専門家です。※ケアプランの作成に当たっての利用者負担はありません。（令和3年6月現在）

介護サービスを利用するには、まずケアマネジャーにケアプランを作成してもらうことから始まります。では、親が介護状態になったときどうやってケアマネジャーを探せば良いのでしょうか？　探し方には、いくつかパターンがあります。

ケアマネジャーはどうやって探せばいいの？

ケアマネジャーは、「居宅介護支援事業所」「地域包括支援センター」に在籍しています。**ケアマネジャーを探したい時は、地域の居宅介護支援事業所などを検索してみましょう。**

2つのすみ分けとしては、主に要介護1～5の認定を受けた方は居宅介護支援事業所、要支援1〜2と事業対象者は地域包括支援センターのケアマネジャーに担当してもらうことになります。詳しくは、お住いの地域包括支援センターへ相談して下さい。

ケアマネジャーは、地域の居宅介護サービス事業者（デイサービスなど）の紹介なども行ってくれます。地域の施設に多くの利用者を紹介しているだけあって、施設の良い情報も悪い情報も持っており、介護に必要な情報も自然に集まってきます。

介護サービスを自分でインターネットから選ぶのも良いのですが、一度はケアマネジャーに施設を紹介をしてもらうことをお勧めします。

なぜならば、彼らの持つ「情報量」の多さによって利用者と家族の選択肢が広がり、それが介護の満足度にもつながるからです。

（ケアマネジャー探し方の例）

・入院先の医療連携室の相談員から紹介してもらう
・お住いの地域包括支援センターから紹介してもらう
・市区町村に居宅介護支援事業所のリストをもらう
・インターネットなどで「居宅介護支援事業所」を探す
・介護サービスを利用しているご近所から紹介してもらう　など

※但し全ての事業所が介護サービスを提供してくれるわけではありません。介護度によって

事業所がすみ分けされていることもあります。

ケアマネジメントの流れ

担当のケアマネジャーが決まったら、早速ケアプランを作成してもらいましょう。介護サービスが開始するまでの流れは、次のようになっています。

①アセスメント

ケアマネジャーが自宅などを訪問し、利用者の解決すべき生活課題、心身機能の低下する背景を分析し、利用者や家族の要望を把握する。

②ケアプランの作成（原案作成）

総合的な援助方針や目標を設定する。目標達成に必要なサービスの種類と利用回数等を設定する。

③サービス担当者会議

ケアプランの原案を各サービス提供事業者（訪問介護やデイサービスなど）と共有。利用者への説明と同意を得てプランを決定する。

〜サービス提供開始（給付管理）〜

④モニタリング評価
　予後に基づく再アセスメント

良いケアマネジャーはどうやって選べばいいの？

　筆者の私は、父の介護をしてきた経験があります。そのため、担当のケアマネジャーさんにはずいぶんお世話になりました。

仕事と介護を両立していた私にとって、介護のことを共有してくれているケアマネジャーはとても有難い存在だったのです。時々弱音を吐いたりもしましたし、介護の愚痴を言ったりもしました。「あの時はずいぶん救われた」と感謝しています。

　さて、ケアマネジャーとこのような良好な関係を築くにはどうしたら良いのでしょうか？

また、良いケアマネジャーを選ぶにはどうしたら良いのでしょうか。

　完璧な正解や不正解はないのですが、ここでは参考にしていただければと思うポイントをお伝えします。

　当然のことながら、ケアマネジャーにも個性があります。明るくお話し好きな方、普段物静かだけどここぞという時に頼りになる方、リーダーシップがあり、スピード感を持ってものごとを進めてくれる強いタイプの方、などなど。

人によって何が良いか、助かると感じるかは千差万別です。ケアマネジャーも人間なので、利用者や家族との相性もあると心得ましょう。

私は、何かの時にすぐかけつけてもらえるよう、なるべくご近所のケアマネジャーを選ぶことをお勧めします。

また、利用者の要介護状態または要支援状態の軽減や悪化の防止に努めてくてくれる、自立した日常生活を営むことができるよう配慮してくれる方に親のケアプラン作成をお願いしたいです。

面倒がらず利用者の話をしっかり聞こうとしてくれたり、家族、特にキーパーソンの負担を軽減できる介護サービスを導入してくれるケアマネジャーは、どなたにとっても良いケアマネジャーと言えるのではないでしょうか。

逆に、ろくに同意もとらずに介護サービスを決めてしまう、対応が遅すぎる、問題があると感じる場合は変更を検討しましょう。

高齢者の中には、時代背景として、今まで自分のことを決めてこなかった、いつもご主人や親が決めていたという方もいます。

そのため「利用するサービスはお任せ」と言うケースもあるかもしれませんが、介護とは「高齢者が尊厳を持って暮らすこと」、「その人らしく生きていくための支援」です。

自分が受けるサービスですから、人任せではなく、自分らしさとはなんだろう？と考えてもらうきっかけにしてもらえると良いでしょう。

⓫ 介護生活は家族と専門職によるチームケアで支える

介護保険制度の基本理念とは

現在、65歳以上高齢者の約4人に1人が認知症の人、またはその予備軍と言われています。今後は更にこうした高齢者の人口が増加すると見込まれる日本は、高齢者そして認知症の人とともによりよく生きていける環境づくりや地域づくりを推進しています。

介護保険制度の基本理念は、**加齢に伴って要介護状態となり入浴・排せつ・食事の介護や看護等が必要になった人が、尊厳を保持し自立した日常生活を営むことができるよう、国民の保健医療の推進を図ること**が目的です。

また、国民は要介護状態になることを予防し健康の保持増進に努めること、要介護状態になった場合でも進んでリハビリに努めることと定められています。

また、高齢者が地域社会活動への参加をはかることで、生きがいのある生活や自己実現（QOLの向上）を目指しています。

家族だけでなく、地域で高齢者を見守る時代に

親も元気で働いているうちは勤務先に仲間がいたり、主婦だった人は日頃から顔を合わせるご近所さんやお付き合いがあったことでしょう。今まで日常的に声掛けができていたのに、今や核家族化が進み、親が高齢者となったことで社会から孤立しがちになることが問題となっています。

親と離れて暮らす子どもにとって、親が住み慣れた地域で安心して暮らせたら何より嬉しいものです。そんな時、頼りにできるのは地域で行われている見守りです。**主体となっているのは市区町村や民生委員、住民ボランティアなどがありますが、お住いの地域包括支援センターに問い合わせて見守りの情報を提供してもらいましょう。**介護は一人で抱え込まず、介護サービスの利用と合わせて地域の方の力を借りましょう。

見守りには大きく分けて3つあります。

〈見守りの方法〉

① 穏やかな見守り

地域住民や民間事業者が、日常生活や業務の中で「いつもと違う」と感じる人がいたら専門の相談機関へ連絡する。

・郵便受けに新聞がたまっていないか
・最近見かけない、夜間でも電気がつけっぱなし　など

②担当による見守り

定期的な安否確認が必要な方に、民生委員や老人クラブ、住民ボランティアが自宅を訪問するなどの見守り活動
・見守りは1対1か、あるいは複数でチームを組むなど
・複数の目による気づきが課題の解決につながるケースもある

③専門的な見守り

認知症や高齢者虐待があるなど、対応が困難なケースに対して地域包括支援センターや高齢者見守り相談窓口などの専門機関が見守り
・緊急通報システムなどの機器による見守りを組み合わせると24時間365日安心を確保できる
・訪問時、必要に応じて行政や介護サービス、医療機関へつなぐなど

介護はチームケア！ 地域のネットワークに参加しよう

様々な団体や民間の企業が協力して、地域の見守りをしています。専門職ばかりでなく、地域の人々によるネットワークの中には、気軽に参加できるものもたくさんあります。

介護はチームで行うことが大切です。**多くの人に関わってもらうことで、孤立せず充実した生きがいのある毎日を過ごしもらいたいものです。**

（地域で行われている活動の例）

・居場所づくりとして座談会、食事会や体操教室の開催
・意欲や能力を発揮できる場づくりとして公園の花壇や菜園の管理、商店街のイベント活動など
・商店街の空き店舗を活用した無料休憩所などサロン事業
・セミナーの開催や見守り食堂など

★参考：東京都福祉保健局「高齢者等の見守りガイドブック（第3版）」

⑫コロナ禍、介護施設の感染症対策について

介護施設の感染予防対策は大丈夫なの？

新型コロナウイルス感染症の流行により、私たちの日常生活は一変しました。高齢者施設も同様、今まで積極的に行ってきた地域との交流やボランティアさんの受け入れ、イベントは全て中止。それればかりか、感染予防のため高齢者と家族の面会まで自粛せざるを得ない状況にまで陥りました。

一方、現在は徹底した感染予防を行いながら、高齢者と家族の面会を可能にした介護施設もたくさんあります。

今、介護施設は、国が推進する新しい生活様式を取り入れ、感染予防対策を万全にした運営をはじめています。

ここでは感染予防の例と適切な面会方法などの例をご紹介します。下記の項目を行う施設は、一定の基準をクリアしていると考えて良いでしょう。

〈感染予防の一例〉

・トイレ、手すり、ドアノブなどを必要に応じて都度消毒する

・共有するスペース（食堂やトイレ、風呂など）を利用する都度消毒、換気する
・口腔ケアなど、感染リスクが高いケアをするときにはゴーグル等を着用する
・閉鎖空間で、激しい呼気（鼻や口から吐く息）を伴う運動は避ける
・日頃から職員の健康管理をし体調不良を申し出やすい環境をつくる
・飲食時には会話を避け利用者同士の距離を保つなど

（新しい生活様式を取り入れた適切な面会の一例）
・面会が予約制で、他の人と接触しないよう配慮されている
・パーティションやガラス越しに、面会は1日5組などと決められている
・面会時だけでなく面会後も消毒と換気を実施している
・面会時間が15分～30分程度／面会回数は1週間に1回などと管理されている
・1組の面会者は2～3人まで、実施前に健康チェックリストの記載
・ターミナルケアの方への面会時は、全身に防護服等を着用
・その他、リモート面会（Zoomなど）で自宅と施設を結ぶ工夫がある　など

新型コロナウイルス感染症、クラスターを経験した職員の声

（感染拡大の要因について）

・体調が悪いのに出勤してしまった（ギリギリの人数で勤務していて休みづらかった）
・パソコンを共同で使っていた
・多数の利用者を受け持ち、手指衛生がおろそかになっていた
・マスクの表裏、上下を理解していなかった
・委託業者を含めた全てのスタッフに、防護具装着の必要性・方法を徹底していなかった
・個室対応する職員を固定化していなかった
・入浴の介助の際に職員がマスクを着用しなかったなど

★参考：厚生労働省「高齢者施設等における新型コロナウイルス感染症に関する事例集」

感染拡大の要因は様々ですが、介護事業者はこれらの教訓を活かし、高齢者の安全を確保するために「介護業界全体」での取り組みが急務であると考えています。

そのために必要な備品や衛生用品の購入ルートの確保など、国や市区町村が全力でサポートをしている状況です。これにより、**利用者にとってはより安全で安心して施設の利用ができるようになりました。**

感染予防対策は、「介護の質を向上させた」といえるでしょう。

4章

介護保険サービスの種類と活用方法

❶トラブルを防ぎ、親も幸せになる介護施設の選び方

介護施設入所時の心配ごとは、「お金」と「親のメンタル」

「親が介護状態になっても、できる限り自宅に住まわせてあげたい」。多くの方は、そんな風に考えているのではないでしょうか。

親や現役時代に住宅ローンを組み、一生懸命働いて建てたマイホームであればなおさらそう感じるかもしれません。介護事業の経営者である筆者の私でさえも、重い介護状態だった父を介護施設に入所させず、自宅にいられる方法を限界まで考えていました。

多くの方が介護施設入所を敬遠する理由の一つは、お金の心配と、高齢の親や配偶者の意志を尊重した介護を行ってくれるのか？という不安からくると思います。また、これらの不安は、「介護サービスに対する情報不足」からくるとも考えられます。

あふれる情報を整理して、正しい判断基準を持つ

インターネットからは様々な介護情報や知識が得られますが、リアルな視覚情報がないために、イメージが付きづらいことも不安の原因になっていると感じます。また、介護施設で起きたネガティブなニュースを見るたび「親を預けて大丈夫なのだろうか？」と思ってしまうのも

仕方がないことです。

しかし、厚生労働省の平成30年の調査結果によると、施設従事者による高齢者虐待件数は621件なのに対し、家族による高齢者虐待件数が17249件。家族による虐待の方が、介護施設の27倍以上多いという結果になっています。一概に、介護サービスや介護施設だけにリスクがあるとは限らないと言えます。

そこで、皆さんの不安を解消し、安心して介護サービスを受けられるようポイントを交えてご説明したいと思います。

トラブルを防ぐには、それぞれの介護サービスの役割を知ろう

在宅介護には在宅介護の良さが、施設介護には施設介護の良さがあります。

在宅介護は、ヘルパーやデイサービスなどを使って、買い物や入浴などの「困りごと別」にサービスや頻度を選ぶことができます。その分、介護サービス費も軽減されます。高齢者も、自宅でご家族と一緒にいられるという満足感を得られます。

一方、常時見守りや介護が必要になった時には、介護サービスが入らない時間帯や夜間はご家族がおむつ交換や体位変換などもしなければなりません。不規則に発生する介護の手間に大きな負担がかかるケースが少なくありません。

そこで検討する必要がでてくるのが「介護施設の入所」です。**24時間介護が必要になったことで自分の体力が持たない、子どもの面倒を十分見れない、親に暴言を吐きそうになるなどのサインを感じたときは、ケアプランの再検討や施設入所を検討しましょう。**

今の状態に合った介護サービスを選び、お互い良い状態を保つために介護のキャパオーバーを防ぐこと、介護施設ごとの「目的」や「役割」を知ることが大切です。

介護施設を選ぶときのポイントとは

介護施設自体はたくさんありますが、立地や金額などの希望条件がそろい、且つ空きがあるのはおそらく数件程度でしょう。選択肢を増やすためにもケアマネジャーなどにも相談し、親やパートナーを安心して預けられる介護施設を選びましょう。

それには、まず左記のことを頭に入れて検討して下さい。きっと、良い施設がみつかると思います。介護施設の種類については本章の11節（131ページ）をご覧ください。

①必要とする介護（あるいは医療）サービスが受けられるか
②月々の費用が予算内で収まるか
③立地条件が希望の範囲内であるか（※頻繁に通いがある方は片道1時間以内など）
④職員に気軽に悩みや希望を相談できる雰囲気があるか

⑤人に聞かれたくない話の時には、場所などに配慮ししっかり説明してくれるか　など

❷在宅生活をサポートする訪問介護

高齢者の在宅生活を支える訪問介護（ホームヘルパー）とは

訪問介護とは、要介護（支援）状態になった高齢者が、できる限り自宅や住み慣れた場所で暮らしていけるように、**ホームヘルパーが自宅へ訪問し、食事・排泄・入浴などの介護、掃除や洗濯や調理などの生活支援を行うサービス**です。

サービス内容を大きく分けると、身体介護、生活援助、通院時の乗降介助の3つです。在宅介護を続ける方の多くは、訪問介護を利用することになるのではないでしょうか。訪問介護では、介護にかかる必要な時間単位でサービスを利用することができます。サービス時間は20分程度から60分を超えるものまで、また**利用日は週に数回、介護度が高いと1日に数回利用するケースもあります。**日常生活に支障がないよう、ケアマネジャーが高齢者の介護度や生活環境などに応じてケアプランを組んでくれます。

①身体介護

高齢者の「体に直接触れて」提供されるサービスが身体介護です。食事介助、衣服着脱、入浴介助、身体の清拭、排泄介助（おむつ交換、トイレ介助など）、体位の変換などを行います。

②生活援助

高齢者の体に触れずに、身の回りの世話をするサービスです。食事の調理、家の中の本人が使用する場所の掃除、買い物、衣類整理や洗濯、お薬の受領などを行います。

③通院時の乗降車介助

通院などのための乗車、降車の介助をします。また乗車前、降車後の移動などの一連のサービスを行います。通院先における受診手続きなどのお手伝いをすることもできます。なお、運賃については介護保険適用にはなりません。通常のタクシー同様自費となります。

訪問介護では認められないサービス

訪問介護は、家政婦紹介所の家政婦、あるいは、いわゆる「お手伝いさん」とは異なります。介護の資格や知識を有したプロであり、かつ介護保険法上のサービスのため認められないサービスもあります。

例えば、高齢者本人が使用していない部屋の掃除（家族の寝室など）、年末の大掃除などの普段の清掃とは言えない掃除、家族への食事提供、家族の衣類の洗濯、庭の手入れ、ペットの世話、映画鑑賞などの娯楽のための外出、金銭の管理などは、ホームヘルパーが行うことはできません。

つまり、高齢者本人以外の家族への支援、日常生活上援助を必要としない支援、日常的な家事の範囲を超えているような家事支援などは、介護保険法のサービスとは認められません。

また、訪問介護では、高齢者の体調管理のための体温や血圧の測定、軟膏の塗布、爪切り、目薬点眼などは認められていますが、基本的に医療的な措置は認められません。褥瘡の処置、カテーテル類の管理などは禁止されています。

一方、介護福祉士や一定の研修を修了したホームヘルパーなどは、痰の吸引（口腔内、鼻腔内、気管カニューレ内部）や経管栄養（胃ろう、腸ろう、経鼻経管栄養）を行うことができます。

費用はサービス種別と時間単位で設定

費用は以下の通りとなっています。基本的には、ケアマネジャーが作るケアプランによってサービス時間が決まり、その自己負担分を毎月、介護サービス事業者に支払っていく形式になっています。

自己負担額（自己負担1割で、1単位＝10円の場合）

【身体介護】

20分未満　➡167円／回

20～30分未満➡250円／回

30～60分未満➡396円／回

60分以上　➡579円／回　（以降30分経過ごと）：84円／回が加算される

【生活援助】

20～45分未満➡183円

45分以上　➡225円

【通院時の乗車・降車等介助の場合の自己負担額】

1回　➡99円

※令和3年4月現在

❸訪問入浴介護とは

訪問入浴介護は、要介護状態になった高齢者の居宅での入浴援助を行うサービスです。身体の清潔を保持し、心身機能の維持などを図ります。主として、サービス事業者が自宅に浴槽を持ち込み、看護師1人、介護員2人の3人のプロが訪問してサービスを提供します。

2階以上にお住まいでも（あるいは高層階のマンションでも）、**訪問入浴の組立式の浴槽が持ち込まれるためサービスの利用は可能です。ただし組立式の浴槽を置ける、畳2畳分くらいのスペースの確保が必要になります。**自宅の浴槽が深く足が上がらない、入口に段差があるなど、ケガや転倒のリスクがある方も利用可能です。

訪問入浴介護の利用までの流れ

厚生労働省の統計では、訪問入浴の利用者の9割は要介護3以上となっています。しかし、要支援1や要支援2の方も一定数の利用があります。

要支援者が訪問入浴介護を利用する理由は、「家の設備では介助が困難、自宅に浴室がない」「家族や訪問介護の介助では困難」「感染症などにより他の介護サービスでの入浴介助が難しい」などが挙げられます。その他、外出拒否がある、介護施設利用に抵抗がある、などの理由もあげられます。上記などの理由からサービスを利用したい場合は、ケアマネジャーに依頼しケアプランに入れてもらいましょう。その後、訪問入浴サービス事業者と書面にて契約を交わします。

実際のサービスの流れ

訪問入浴サービス当日の流れは、次の通りです。

①入浴前のバイタルチェック

入浴可能な状態か、看護師が体温や血圧を測定します。体重測定をする事業者もいます。入浴が難しいと判断されると、清拭や体の一部を入浴する「部分浴」などの対応となります。

②浴槽の設置作業

訪問入浴車に積み込まれた、組立式の簡易浴槽がご自宅に運び込まれて設置されます。水道水についてはご自宅からの給水となります。また、入浴の際に必要となる電力（電源）もご自宅のものを使用します。居宅の仕様によって給湯や給水の方法が異なる場合がありますので、事前にサービス事業者から説明を受けてください。

③洗髪・洗体の仕方

浴槽に寝た状態で介護員が洗髪や洗体を行います。お湯に浸かったままで洗体しますが、最後はしっかり「かけ湯」をします。

④撤収と入浴後のバイタルチェック

入浴後、体調に異常が発生していないかを確認するために、再びバイタルのチェックを看護師などが行います。また、排水は浴室やトイレの排水溝などで行います。

自己負担額（自己負担1割で、1単位=10円の場合）

訪問入浴介護　➡1260円

介護予防訪問入浴介護➡852円

※令和3年4月現在

訪問入浴介護は、他の訪問サービスと比べると決して安くはありませんが、自宅での日常生活を送れるという意味でとても重要なサービスです。

❹需要が増す訪問医療サービス

医療依存度が高くなっても、住み慣れた場所に暮らし続けるためには、訪問診療サービスが不可欠です。通院することなく、自宅にいながらにして必要な医療サービスを受けることができます。

訪問診療と往診の違い

「訪問診療」と「往診」は異なります。

訪問診療は計画的に訪問し診療するものです。一方、往診は救急車を呼ぶほどではないけれども、ホームドクターなどに必要に応じて訪問してもらい、診療を依頼することをいいます。

訪問診療は、月に1回〜4回程度を目安に自宅や施設などに医師が訪問します。そのため、通院することなく診療が受けられます。また、日常的に診察や治療、健康管理を行うことで、未然に体調が悪化することを防ぐ効果もあります。また、もし入院の必要が生じたと医師が判断した場合は、入院先への医療連携もスムーズです。

訪問看護

訪問診療と同じく、医療依存度の高い高齢者が自宅で暮らし続けるためには、訪問看護も不可欠です。高齢者の心身機能の回復のために、主治医の指示にもとづき、療養上の世話や診療の補助を行います。

具体的には、**血圧や脈拍や体温の測定、排せつや入浴介助、清拭などの他、在宅酸素やカテーテルなどの管理、褥瘡の処理、身体のリハビリ、終末期における在宅での看取り**など、幅広く自宅での看護処置を行ってくれます。

訪問歯科診療

要介護の高齢者が歯科医院に通わず、自宅や施設にいながらにして、歯科診療が受けられるサービスです。歯科診療は虫歯治療のみならず、口腔機能の維持管理も行います。

高齢者の場合は、口腔内の正常を保つということによって、食べる行為はもちろん、心身機能の維持にも大きくかかわってきます。東北大学の研究チームが65歳以上の高齢者1万3千人以上を対象に6年間追跡調査した研究結果、「口腔状態の悪化は、認知機能の低下リスクを増加させる」と発表しました。口腔状態の維持は心身の健康状態につながることから、訪問歯科診療も非常に重要なサービスと言えます。

居宅療養管理指導

居宅療養管理指導は、近年ますます利用者が増加しているサービスです。通院が困難な高齢者の居宅を医療・介護の専門家が訪問し、療養上の管理・指導を行います。

具体的には、医師、歯科医師、薬剤師、看護師、歯科衛生士、管理栄養士が、高齢者の状態によって必要な指導をします。例えば、認知症になり薬の管理ができなくなった方の服薬管理や、病院嫌いで受診が途切れた方へのフォローなど、様々な連携も同時に行っています。

❺ 通いのサービスで機能訓練、他者と交流ができる

デイサービスなどをフル活用して、仕事と介護の両立をはかろう

デイサービスは、食事やお風呂などの日常生活支援や、生活機能向上のための機能訓練を集団で行うところです。各施設によって定員が決まっています。

デイサービスのメリットは、1日の中で定期的な数時間、ご家族にとってまとまった時間が取れること、介護の手から離れられること、専門職から生活支援や機能訓練などを受けられることです。日中一人にさせることが心配な高齢者やご家族も、安心して過ごすことができます。

サービス時間は3時間程度の短時間型から、8時間以上預けることができるデイサービスまで幅広く、レクリエーションや地域交流が活発な施設もあります。介護状態に合わせて施設を検討しましょう。

また、**その日にあった施設での特記事項があれば連絡帳などでお知らせしてくれます。**連絡帳に家族からもコメントを書くことで、デイサービスから帰った時の様子や家での過ごし方、体調に関することを共有することができます。多くの方が気軽に利用するサービスです。

通いのサービスにも、規模や種類の違いがある

通いのサービスを大きく分けると5つあります。それぞれの特徴に合わせて、仕事を継続できるようケアマネジャーと相談してフルに活用しましょう。

①通所介護（デイサービス）定員19名以上

入浴などの日常生活上の支援や、生活機能向上のための機能訓練や口腔機能向上サービスなどを日帰りで提供します。レクリエーションや高齢者同士の交流もあり、自宅から施設までの送迎も行います。

②通所リハビリ（デイケア）

通所リハビリテーションの施設（老人保健施設、病院、診療所など）に通い、食事や入浴などの日常生活上の支援の他、**生活機能向上のためのリハビリを重視した機能訓練や口腔機能向上サービスなどを日帰りで提供**します。自宅から施設までの送迎も行います。

③地域密着通所介護（デイサービス）定員19名未満

施設では、食事や入浴などの日常生活上の支援や、生活機能向上のための機能訓練や口腔機

能向上サービスなどを日帰りで提供します。定員が10名程度の施設は、アットホームで人員配置が厚いのがメリットです。自宅から施設までの送迎も行います。

④療養通所介護

常に看護師などによる観察を必要とする重度要介護者や、がん末期患者を対象にしたサービスです。

医師や訪問看護ステーションと連携してサービスが提供されます。施設では、食事や入浴などの日常生活上の支援や、生活機能向上のための機能訓練や口腔機能向上サービスなどを日帰りで提供します。自宅から施設までの送迎も行います。

⑤認知症対応型通所介護

認知症の利用者を対象に、自宅で自立した日常生活を送ることができるよう専門的なケアを提供するサービスです。施設では、食事や入浴などの日常生活上の支援や、生活機能向上のための機能訓練や口腔機能向上サービスなどを日帰りで提供します。**認知症の利用者の心身機能の維持回復だけでなく、家族の介護の負担軽減などを目的としています。**自宅から施設までの送迎も行います。

これからの介護サービスは、認定された介護度によって、利用できるサービスの種類やサービスの時間が異なります。利用の際はケアマネジャーに自己負担内でおさまるようケアプランを立ててもらいましょう。

❻通い、訪問、泊りを組み合わせできる小規模多機能型居宅介護

施設入所をせず、在宅介護を続けたいなら選択肢のひとつ

小規模多機能型居宅介護は、中重度の介護状態になっても在宅での生活が継続できるよう、平成18年に創設されました。

要介護者の心身の状況に応じて、施設への「通い」を中心として、短期間の「宿泊」や利用者の自宅への「訪問介護」などを組合せて、入浴・食事・排せつなどの介護や、調理・洗濯・掃除などの支援を行います。自宅での家庭的な住宅環境を維持しながら、日常生活や機能訓練などを行うサービスです。

特徴と利用するメリットについて

「通い・訪問・宿泊」を組み合わせて利用する小規模多機能型居宅介護は、通いや訪問のサ

ービスをそれぞれ別の介護事業者から受けるのとどのような違いがあるのでしょうか。

小規模多機能型居宅介護では、**1事業所が一体的に複数のサービスを提供するため、契約が1回で済むこと、通い・訪問・宿泊、どのサービスを利用してもなじみの職員によるサービスが受けられることが特徴です。**同じ事業所の職員が連携してサービスを行うため、情報共有がしやすい、ケアプランの見直しや変更の対応も迅速にしてもらえるというメリットがあります。

体調が不安定、退院直後のため柔軟なケアプラン、サービス対応をしてほしいといった方にはおすすめです。特に宿泊などは、緊急時でも柔軟に利用することが可能なため家族にとっても安心です。料金は要介護度に応じた月額の定額制となります。

一方、料金が定額制のため、サービスの利用回数が少ない方にとっては割高になる可能性があります。また、**現在利用している介護サービスと併用することができないのも特徴の一つです。**長年親しんできたケアマネジャーやデイサービスがある場合は、解約する必要がありますので覚えておきましょう。

人員配置は介護・看護・介護支援専門員（ケアマネジャー）などが在籍しており、宿泊室は、4．5畳程度でプライバシーが確保できる仕様になっています。

事業所の登録定員は29名以下で、**全国平均では要介護1～2の利用割合は41％、要介護3～4は43．7％です。中重度の方が多く利用していることが分かります**（※平成31年3月調べ）

看取りに対応できる事業所も増加している

また、近年は看護師による看取り対応を可能とする事業所が増加傾向にあります。その他職員に関しても看取りに対する意識が高まり、自主的に勉強会などを開催する事業所もあります。

安定期から亡くなるまで事業所が関わったケースは、平成27年度厚生労働省の発表によると45.5%にものぼり、終末期に病院へ入院したケースを除けば「施設入所をせず、なんとか在宅介護を続けたい」というニーズを叶える選択肢のひとつであると言えます。

参考文献：厚生労働省「介護給付実態調査」

医療ニーズが必要になったら「看護小規模多機能型居宅介護」

看護小規模多機能型居宅介護は、小規模多機能型居宅介護の機能に「訪問看護」がプラスされたサービスです。主治医との綿密な連携のもと、医療行為も含めた様々なサービスを24時間365日受けることができます。

病院が休日・夜間のときの対応や、がん末期の看取り期、退院直後の在宅療養生活へのスムーズな移行をサポートしてもらうことができます。利用料金は定額制で、訪問看護の機能が加わった分、小規模多機能型居宅介護よりも基本料金が高くなります。

❼住宅改修のしくみとポイント

転倒や骨折のリスクにそなえ、介護の負担を軽減する住宅改修

できる限り住み慣れた場所に暮らし続けたいと考えるなら、有効な手段の一つとして「住宅改修」があります。**要介護状態になった高齢者が、自宅の段差をなくしたり、手すりを取り付ける工事などを行うことで、転倒や骨折のリスクにそなえることができます。**

要介護認定され、在宅での介護をすることになったら早めに対策すべきことの一つです。支給限度基準額は、要支援・要介護区分にかかわらず20万円と定額となります。また、転居した場合は再度20万円までの支給限度基準額が適用されます。

〈住宅改修の種類について〉

①手すりの設置
②段差の解消
③すべり止め、移動を円滑にするための床材などの変更
④ドアを引き戸へ変更

⑤洋式便器などへの便器の取替え
⑥その他、前各号の住宅改修に付帯して必要となる住宅改修

20万円までが支給限度基準額

要介護者が住宅改修を行う場合は、申請書の他、住宅改修が必要な理由書などを提出します。そして、工事完了後に施工業者に費用を支払い、領収書などをもらいます。その後、住宅改修の費用が発生したことを証明できる書類をお住いの市区町村へ提出します。

ただし、市区町村によっては、事業者には工事費の1割を払えばよい（1割負担の場合）という受領委任払いの形式をとっているケースもあります。支払い方法については、市区町村や地域包括支援センターなどにご確認ください。

夫婦で40万円という使い方も

支給限度基準額は、要介護者など1人につき20万円です。**もし親夫婦とも要介護認定を受けている場合は、20万円×2人分＝40万円までが限度額ということになります。**

例えば、夫の分で階段の手すり設置を行い、妻の分で浴室の段差解消を行う、という使い方もできます。ただし、**仮に浴室の段差解消費用が40万円かかった場合には、2人で20万円ずつというように、按分することはできません**ので、ご注意ください。

住宅改修のデメリットとは？

住宅改修を行う前に、事前に保険給付として適当な改修かどうか確認を受ける必要があります。**急激に状態が悪化し、すぐにでも住宅改修を行う必要がある場合も、市区町村の確認を受けるまでは、工事を進めることができない**という時間的なデメリットがあります。

利用の流れ

住宅改修を利用する場合、まずケアマネジャーに相談しましょう。要介護認定を受けたばかりでケアマネジャーがいない場合は、市区町村の介護保険課窓口や地域包括支援センターに相談し、ケアマネジャーを紹介してもらいます。

その後、多くのケースでは、ケアマネジャーから業者を複数紹介され、相見積もりをとって決めます。この場合は、リーズナブルであることも大切ですが、**市区町村への書類提出があるため、それに精通している事業者を選ぶこともポイントの一つです。**

住宅改修業者には、残念ながら悪質な業者も一部存在するようです。事業者を選ぶ際は必ず、ケアマネジャーに立ち会ってもらいながら行いましょう。

市区町村の確認後に工事が開始され、全額を事業者に支払った後、その支払い証明書類（領収書など）を市区町村に提出し、償還払いされます。なお、前述のように、**最近は受領委任払**

い（1割負担の場合は、1割のみを業者に支払う）が可能な事業者が増えており、大きな立替払いの必要はないケースが増えてきました。

行える改修工事は小規模ながらも、多様な居宅の状態に応じて必要な改修を行うことができる便利なサービスです。在宅介護を続ける予定の方は、ぜひ検討してみてください。

❽高齢者には欠かせない、便利な福祉用具

高齢者が居宅で自立した生活を送る助けとなる用具として、介護保険の福祉用具があります。また、高齢者の機能訓練の用具としての役割もあります。介護度の変化に応じて、また体調の変化に適した福祉用具を安価な金額でレンタルできることは経済的にも助かります。

福祉用具には、**それぞれの性質によって貸与されるもの、販売されるものがあります。**

福祉用具貸与（レンタル）

要介護度に応じて、貸与可能な品目が異なります。**要介護2以上の方は、次の表にある福祉用具をレンタルすることができます。**要支援1～2、要介護1の方はその一部（歩行器や歩行補助杖など）をレンタルすることができます。詳しくはケアマネジャーに確認してください。

（福祉用具貸与の13品目）

1	車いす	自走用車いす、介助用車いす、電動車いす
2	車いす付属品	クッション、電動補助装置等の車いすと一体となり使われるもの
3	特殊寝台	介護ベッド
4	特殊寝台付属品	マットレス、サイドレール等
5	床ずれ防止用具	エアマット、ウオーターマット等
6	体位変換器	空気パッド等を身体の下に挿入し体位変換しやすくするためのもの
7	認知症老人徘徊感知機器	徘徊のため家から出ようとした際にセンサーにより、家族へ通報される
8	移動用リフト	つり具部分以外
9	手すり	取付に工事不要なもの
10	スロープ	取付に工事不要なもの
11	歩行器	移動時に体重を支える構造のもの
12	歩行補助杖	松葉杖、多点杖等
13	自動排泄処理装置	交換可能部品以外

（福祉用具販売）

1	腰かけ便座	
2	自動排泄処理装置	交換可能な部品
3	入浴補助用具	入浴用椅子、浴槽用手すり、浴槽内椅子、入浴台、浴槽・浴室内すのこ
4	簡易浴槽	
5	移動用リフト	つり具部分

ただし、要支援や要介護1の方でも、パーキンソン病や末期がんなどの疾患がある場合は、例外給付があります。医師の医学的所見と、サービス担当者会議を通じたケアマネジメントにより、その他の品目の福祉用具が必要であることを市区町村が確認した場合となります。

福祉用具購入

年間（4月1日～翌年3月末日）で10万円までを上限として、購入費の7～9割（自己負担が1～3割の方の場合）が支給されます。利用する高齢者が直接肌に触れるものが主な購入対象となります。（前ページの表参照）

基本的には、高齢者がいったん、事業者に10割を支払い、後から介護保険で担保される7～9割が戻ってくるという、償還払いの仕組みになっています。

ただし住宅改修同様に、受領委任払いが可能な事業者が多いため、実際には事業者への支払いは自己負担分の1～3割で済むことも多いようです。

一方、都道府県や市区町村の**指定を受けていない福祉用具事業者も存在します。指定のない事業者から購入した福祉用具は介護保険の適用にはなりません。**住宅改修や福祉用具の購入などは、ケアマネジャーに相談しながら進めてください。

⑨ 24時間対応で介護、看護が受けられるサービス

重度の要介護者を支える「定期巡回・随時対応型訪問介護看護」

訪問介護の場合、日中の時間帯だけに介護サービスが集中してしまうことがあります。

一方、**定期巡回・随時対応型訪問介護看護は、10～20分程度の短時間なケアを、1日に何回も受けることができます。**

具体的には定期巡回訪問という方法、あるいは緊急時に要介護者やその家族からの通報を受けると**「電話・ICT機器・訪問」などの方法で随時対応を行ってくれます。**よく自宅で転倒するなど、すぐに駆けつけてもらえるような環境を作っておきたい場合は、なるべく自宅近くの事業所を選びましょう。

サービスの内容は、介護福祉士などが日常生活（入浴・排せつ・食事など）の介護や家事などを行い、看護師などが療養上のお世話などを行ってくれます。平成24年、要介護の高齢者やその家族を24時間支える仕組みとして、日中だけでなく夜間を通じ介護と看護を提供できるサービスとして創設されました。

1日に3～6回前後、定期的に訪問してもらえる

高齢の夫婦だけで暮らしている、あるいは単身の高齢者にとって、介護サービスが入らない時間帯や夜間は、生活の質が保たれないのが現状でした。例えば、1日5～6回ある排せつなどの生理的欲求にも、介護者がいないため対応できず、不適切な状態で夜を過ごさざるを得ないのが実態でした。

しかし、**定期巡回・随時対応型訪問介護看護ではサービスの内容や時間に制限がないため、必要なサービスを柔軟に提供してもらうことができます。**

利用できるのは、要介護1以上で1日に複数回の身体介護が必要な人です。定期巡回・随時対応型訪問介護看護の利用者は増加傾向で、ますます在宅介護のニーズが高まっていることを示しています。

定期巡回・随時対応型訪問介護看護は、24時間対応してくれる在宅介護サービスとして、高齢のご夫婦や、1人暮らしの要介護者とその家族に安心を与えてくれます。また、夜間に何度も**排せつ介助や体位変換の介助を行う家族にとっては、介護負担が軽減され、睡眠不足が解消されることにつながります。**

生活のリズムの乱れによって介護者が倒れてしまわないよう、介護状態に合わせて介護サービスを上手に利用しましょう。

（サービス内容の一例）

・トイレの介助やおむつ交換
・洗顔や歯磨き
・食事の介助
・入浴の介助
・朝や就寝時の着替え
・部屋の掃除などの家事支援
・安否確認
・水分補給や服薬管理　など

（随時　※緊急時の呼び出し）

・夜間の排せつに失敗してしまったときの介助
・自宅で転倒してしまったとき　など

★参考：一般社団法人24時間在宅ケア研究会「定期巡回・随時対応サービスのポイント」

⑩入所一時金なし「介護保険施設」とは？

介護保険施設は、入所一時金がなく、介護保険が適用となる施設のため有料老人ホームなど

よりも利用料が安くなる傾向があります。経済的な理由から、介護保険施設を選択する方が多いのはそのためです。これから、3つの介護保険施設のそれぞれの特徴についてお話しします。

特別養護老人ホーム

特別養護老人ホームは、いわゆる「特養」と呼ばれる人気の施設で、入所するには「数年待ち」と言われています。24時間常駐で介護スタッフが配置されており、いわゆる、「終の棲家」としての役割も持っています。

(入居の目安)
・入居一時金：なし
・月額利用料：6～17万円程度　※介護度や所得によって異なる

入所の要件は、基本的には**65歳以上で要介護3以上です。**ただし、感染症などのリスクのある方や医療行為が必要な方などは、受け入れが難しいケースもあります。各施設に確認してみましょう。また、入所は「緊急度の高い順」からの受入れとなり、例えば身寄りがなく介護度が高いなど、居宅での待機が難しいと総合的に判断された方からの入所となります。

それ以外にも、**特定疾病を持つ40～64歳も入所対象**になります。特定疾病とされているものは、以下の16種類です。

（特定疾病）

末期がん、関節リウマチ、筋萎縮性側索硬化症、後縦靭帯骨化症、骨折を伴う骨粗鬆症、初老期における認知症、進行性核上性麻痺、大脳皮質基底核変性症およびパーキンソン病、脊髄小脳変性症、脊柱菅狭窄症、早老症、多系統萎縮症、糖尿病性神経障害、糖尿病性腎症および糖尿病性網膜症、脳血管疾患、閉塞性動脈硬化症、慢性閉塞性肺疾患、両側の膝関節または股関節に著しい変形を伴う変形性関節症

また、要介護1・2でも、次の条件に当てはまる方は入所できる可能性があります。次の条件に当てはまる場合は、市区町村や施設に相談してみましょう。

・認知症で症状・行動・意思疎通に困難が頻繁に見られる人
・知的障害や精神障害などを伴い、症状や行動、意思疎通の困難さが頻繁に見られる人から、家族から深刻な虐待が疑われる方まで、心身の安全・安心の確保が困難な人
・単身で住んでいる、同居家族が高齢又は病弱など、家族による支援が期待できない　など

いざという時は「お泊り（短期入所生活介護）」を活用

特別養護老人ホームでは、高齢者の体調が優れないときや、介護者の病気や出張・冠婚葬祭への出席、心身の負担を軽減するなどの理由を対象に泊りのサービスを行っています（連続利用日数は30日まで）。急な出張が入ってしまったときなど、とても助かるサービスです。

利用の際は、日常生活費（食費・滞在費など）は別途負担する必要があり、サービス費用は介護度、居室の形態によって異なります。利用の可能性がある方は、ケアマネジャーに事前に相談しておきましょう。

在宅復帰を目指すなら「介護老人保健施設」

略称は老健と呼ばれ、原則要介護１以上の人が自宅復帰を目指すためのリハビリ施設です。理学療法士や作業療法士などによるリハビリテーションをはじめ、食事や入浴などのサービスが提供されます。高齢者それぞれの状態に合わせて在宅生活復帰のためのプログラムが作られます。

病状が安定しており、何らかの病気があっても内服薬などで症状が落ち着いている方が対象です。その他感染症にかかっていないこと、透析・点滴や経鼻経管による栄養剤や抗がん剤の投与などの医療ケアがないことが挙げられます。ただし、インシュリン投与やストマーケアなど対応可能なものもありますので、施設に確認してみてください。

入所期間は、原則3～6ヶ月。ただし、「家族の受け入れ態勢が難しい」「在宅復帰のためのリハビリが思うように進んでいない」などの理由により、入所期間が変わるケースもあります。

特別養護老人ホームとは異なり、終の棲家としての機能はありません。

長期療養が必要になったら「介護医療院」

まず、介護医療院の話の前に、介護療養病床について触れておきます。医療的処置が必要な要介護認定を受けた高齢者が長期療養する施設として、介護療養型医療施設があります。

この介護療養病床は2024年3月末までを期限として、「介護医療院」になります。要介護高齢者の長期療養や生活をしていくための施設という位置づけです。介護療養病床の機能の他に、日常生活上の世話を行うことを目的としています。

要介護高齢者に対して、施設サービス計画をもとに、療養上の管理や看護のほか、医学的管理のもとで介護も行います。また、機能訓練やその他必要な医療的処置を行います。その中でも、高齢者の医療依存度に合わせて2つの施設に分けられます。

Ⅰ型：介護療養病床相当

Ⅱ型：介護老人保健施設相当以上

また、要介護高齢者の看取りや終末期を支える役割や、特養や老健同様に地域交流の拠点としての役割も期待される施設です。

「治療を重視」する医療機関とは異なり、医療的処置のみならず、より生活にも重点を置いた施設といえるでしょう。

⑪ こんなにある！ 有料老人ホームの種類

有料老人ホームには、主に3つの種類があります。すなわち「介護付き有料老人ホーム」「住宅型有料老人ホーム」「健康型有料老人ホーム」の3つです。

入所の理由には、親が気に入ってくれた、金額や立地が希望通りだったなど様々ありますが、必要な介護サービスを受けられるのか、長期で住まうことができるのかもしっかりチェックしましょう。施設によってもそれぞれ特徴があります。

また、有料老人ホームのサービス費・居住費などは、介護保険施設とは違い介護保険は適用されません。その分料金は高くなること、入居一時金が必要な場合があると考えておきましょう。

介護付き有料老人ホーム

介護保険法上の正式名称は、**特定施設入所者生活介護**、と呼ばれるサービスです。「特定施設」という名称ですが、法律上は**「施設」でなく「在宅」**に相当します。

この介護付き有料老人ホームには「一般型」と「外部サービス利用型」があります。

「一般型」は、老人ホーム内に**介護員が24時間365日常駐**しており、必要な介護サービスを受給することができます。

「外部サービス利用型」は、ホーム内での生活における相談事や安否確認、ケアプラン作成などは、ホーム内のスタッフによってなされますが、身体に対する介護サービスは、訪問介護・看護事業者などが提供することとなります。そのため、**介護サービスを使った分だけ費用が発生**します。

住宅型有料老人ホーム

日常生活に必要な食事のサービスや、身の回りの生活援助などを提供する施設です。介護サービスを利用する場合は、ご自身の選択となりますので**ケアマネジャーに相談しましょう。**

介護サービスが必要になったら、外部の介護事業者と契約し、サービスを利用することになります。この場合も、費用は使った分だけ発生しますので、介護保険の区分支給限度基準額を超えない範囲で利用することとなります。

健康型有料老人ホーム

「健康型」というだけあって、介護を必要としない高齢者が対象の施設です。基本的には、自立した高齢者が入所する施設であり、食事や身の回りの生活援助のみを提供する施設という位置付けです。逆に言えば、介護が必要になった場合は別の施設を探さなければならないことがあります。

気になる有料老人ホームの費用

有料老人ホームの費用は、入所一時金がないところもあれば、数千万円というところまで非常に幅が広いのが現状です。また、入所金は安い分、毎月の支払額が高額というところもあります。

老人ホームの設備や立地、介護職員の人員、そして、サービスの内容など、ホームそれぞれで異なるため、料金に大きな違いがでます。立地でいえば、都心部ならば、やはり費用は高くなっていきます。

全国の老人ホームでは、入所一時金の平均値が124．3万円、月額使用料が15．8万円です。この平均値は、全ての施設の費用を平均した値となります。老人ホームの入所月額利用料を中央値で比較した場合、1位は東京都の20．6万円、2位は神奈川県の18万円、3位は京都府の17．1万円となっています。

また、**入所金は償却**されるものですが、償却にかかる期間が定められています。償却前に退去や死亡などにより**未償却となった分は返還**されます。さらに、**有料老人ホームには、クーリングオフ**がありますので、入所後**3カ月以内の退去となった場合、入居金は全額返還さ**れます。

3か月以内の退去による入居金の全額返還は**権利として知っておくと良いでしょう**。ただし、入所期間中の居室使用料や原状回復費用などは請求されます。

有料老人ホームの契約種類

①利用権方式

居室や共用スペースを利用する権利を買う契約のことです。ほとんどの有料老人ホームでは、この形式がとられています。ホームと入居者本人のみの契約であり、入居者の死亡とともに、権利は消滅します。いわゆる、**一代限りの契約**です。

②建物賃貸方式

毎月家賃や光熱費などを支払っていく契約のことです。居住する契約と介護サービスを利用する契約が異なる方式のものです。家賃を支払い続けるうちは、契約は続くものです。つまり、入居者の死亡に関係なく、必ずしも一代限りの契約ではありません。他にも、様々な契約形態がありますが、代表的な例としてご紹介しました。

⓬認知症高齢者グループホーム

「認知症対応型共同生活介護（グループホーム）」とは

認知症対応型共同生活介護（グループホーム）とは、認知症の高齢者がグループホームに入所し、家庭的な環境と地域住民との交流のもと、できる限り自立した日常生活を送れるよう専門的なケアを受けられる施設です。

サービスの内容は、入浴・排せつ・食事などの介護やその他の日常生活のお世話や機能訓練などを行います。対象者は、認知症（急性期を除く）の症状がある、要介護1以上の認定を受けた方が対象です（介護予防認知症対応型共同生活介護は、要支援2の人が利用できます）。

また、グループホームでは、5~9人以下の少人数で共同生活を送ることになります。

一人ひとりの個性や生活リズムを尊重したケア

グループホームでは、認知症になっても在宅に近い環境で日常生活を送れるよう、専門職によるケアが行われます。人員配置が厚く、利用者3人に1名以上の職員が配置され、夜間にも1名以上の職員が常駐するのでご家族も安心です。

起床時間や生活のリズム、個性は人それぞれ。グループホームには**自分の個性やリズムを保つための個室が用意され、他人との人間関係を良好に築くためのリビングやパブリックスペースがあります。そこへ、小グループごとに配置された職員が一人ひとりに合わせたケアを提供します。**

なじみの人間関係をつくることができ、認知症の方でも落ち着いた雰囲気の中で安心して過ごすことができます。

日中はどんな過ごしかたをするの？

個室には、自分の愛用していた家具を持ち込んだり、写真を飾ったりと自由に利用することができます。また、料理や洗濯などは、皆で役割を持って協力して行います。今日の献立を一緒に考えたり、職員と買い物へ行って食材を選んだりします。

施設によっては地域の方を招いて談話会をしたり、散歩や外出、季節の行事やレクリエーシ

ヨンがあります。敷地内で農園や花の栽培をしている施設もありますので、楽しく取り組んでもらえるものを見つけてもらうことで、穏やかな落ち着いた過ごし方ができるのではないでしょうか。

施設を選ぶ際は、施設の特徴や面会時間について、またどんな職員がいるのか、地域との交流はあるのかなどを確認するためにも見学に行きましょう。

★参考：厚生労働省「認知症対応型共同生活介護の概要」

⑬有料老人ホーム紹介事業者の活用

老人ホーム紹介事業者とは

親を老人ホームに入れたいと思っても、比較的安価で人気のある特別養護老人ホームなどは「数年待ち」で入所できないケースもあります。そこで、有料老人ホームも選択肢の一つといえます。ここでは、老人ホームとの仲介の役割を果たす、「老人ホーム紹介事業者」について触れます。

老人ホーム紹介事業所とは、無料で有料老人ホームを紹介してくれる事業者です。2020年の厚生労働省の資料によれば、紹介事業者は全国に約400社程度存在します。インターネットで情報発信しているだけでなく、相談窓口となる店舗を持つ事業者もあります。入所が決まった場合、老人ホームは紹介事業者へ紹介料を支払います。

インターネットで溢れる情報の中から、**自分たちのニーズにあう老人ホームを見つけることは簡単ではありません。**忙しくてなかなか日中動けない、老人ホームに見学に行く時間がとれない方は、選択肢を増やす意味でも活用するとよいでしょう。

良い老人ホーム紹介事業者の見分け方

老人ホーム紹介事業者へ老人ホーム入所希望の相談をすると、まず希望の予算や立地、対象となる方に必要とするケアなどをしっかりヒアリングしてくれます。

また、私たちにとっては面識のない施設でも、よく施設に挨拶へ行き関係つくりをしている担当者だと、施設の雰囲気や職員の顔まで分かっていることもありますので安心できます。施設見学の際は車を出して同行してもらえることもあり、初めてのことに心細い中で、とても頼りになる存在といえます。

このように、多くの事業者は誠実にサービスを提供してくれますが、一方老人ホームや介護に精通しているとはいえない事業者も存在します。例えば、「このホームが良い」と特定のホームばかりを促したり、ホームのメリットのみでデメリットを把握していない、あるいは教えたがらない、強引に決断を迫るなどの対応が見られたら、紹介を見合わせることも一つです。

そのような事業者は、利用者のニーズにあう老人ホームではなく紹介手数料の高い有料老人ホームだけを進めている可能性があります。やはり、**「ホーム側」でなく「皆様側」に立った事業者**を選びたいですね。

紹介事業者の利用はあくまでも選択肢を増やすツールです。たとえ運よく良い担当者にあたったとしても、**任せきりにしてはいけません。**ホーム選びの主体は皆さんであり、最後に責任を取るのも皆さんであることを忘れないで下さい。

老人ホームを自分の目と舌で確かめよう

入所してから「こんななずではなかった」というアンマッチを防ぐためには、紹介事業者に自分たち家族の希望をしっかり伝えることから始まります。費用面、立地だけでなく医療的ケアの可否、感染症への対応、親の体調に合った食事の対応等々、遠慮なく伝えましょう。例えば、食事なら刻み食やトロミ食等々はもちろん、アレルギー対応も行っているかなど、事前に確認して下さい。

また、入所してから「親が施設に馴染まない」「想像していたのと違う」ということにならないよう、事前に**宿泊体験ができる施設も**あります。施設に入所している方と会話してみたり、**食事の試食**をしたり、一緒に施設のまわりを散歩してみるのも良いでしょう。

また、近年では**感染症対策**に力を入れているかも重要な観点です。テーブル、レクリエーションの道具、運動用具などの消毒はなされているか、手指消毒を行っているかなどもチェックしましょう。

大事なご両親の終の棲家です。感染症に限らず、**災害発生など「いざ」というときの体制（事業継続計画など）**が整っているのかなどの運営面ついても契約前にしっかり確認しておくと安心です。

⑭ 近年増加している「介護保険外サービス」

今後ますますニーズが高まる「介護保険外サービス」とは？

高齢者が生活の質を保ち、楽しみを持って暮らすためには、介護保険サービスだけではなく民間のサービス（介護保険外サービス）の活用も重要です。近年、高齢者やそのご家族から様々なニーズが寄せられており、それに応えるサービス提供事業者が増えています。

政府においても保険外サービスの普及を図っています。市区町村や介護事業所だけでなく、介護事業者と提携する異業種からも、これから介護保険外サービスの情報提供をしていく時代となるでしょう。

介護保険の対象にならないサービスは「全額自費」となる

介護保険サービスも保険外サービスも、高齢者が加齢によってできなくなったことを補うことは同じです。しかし、**介護保険は皆さんの保険料や公費によって成り立っているため、原則として次のようなサービスは介護保険の対象になりません。**

①本人以外のための生活支援（洗濯・料理・買い物など）
②ヘルパーが行わなくても普段の暮らしに支障がないもの
③普段はやらないような、日常的ではない家事

（例）
・自家用車の洗車
・犬の散歩や世話
・草むしりや庭の手入れ
・大掃除や窓のガラス磨き
・正月や行事の際に特別な手間をかけて行う料理
・来客の応対　など

逆に言えば、「全額自費」を支払えば、介護保険外サービスをヘルパーやサービス事業者に依頼することもできます（全ての事業者が受けてくれるわけではありません）。

保険外サービスのメリットは、柔軟なニーズに対応してくれ、スポットでも依頼できる使い勝手の良さです。料金は事業者によってまちまちですが、およそ1時間で4〜5千円程度が相場のようです。医療処置をともなう場合は看護師が付き添うことになりますので、介護サービスのみの利用よりも割高になります。

具体的に、どのようなことを叶えてくれるのかご紹介します。

①好きだったお店で食事を楽しみたい
②定期的に人と会い、楽しい話がしたい
③庭の手入れをしてほしい
④家具の組み立てや、電球を交換してほしい
⑤旅行を楽しみたい、昔よく行った場所にもう一度行きたい
⑥結婚式、葬儀などの行事に出席したい
⑦買い物や外出を楽しみたい　など

今までできていたことを続けられる喜び

高齢者がひとりでできなくなった趣味や好きな活動をサポートすることは、QOL（生活の質）を高める素晴らしいことです。「旅行に行きたいから、リハビリを頑張ろう」「ケガをしないよう気をつけよう」など、介護予防への意欲向上も期待できます。

閉じこもりがちな高齢者に最良の一日を過ごしてもらえるよう、自分の時間を確保するためにも介護サービスと保険外サービスを上手に活用しましょう。

★参考：厚生労働省・農林水産省・経済産業省「地域包括支援ケアシステム構築に向けた公的介護保険外サービスの参考事例集」（平成28年3月）

⑮ 令和3年度介護保険法改正による負担増加のポイント

高額介護サービス費の自己負担額は、「値上げ」

令和3年度介護保険法改正により、令和3年8月から、介護サービス費や食費などの自己負担額の上限が引き上げになりました。つまり、自己負担額の増加です。

例えば、今まで高額介護サービス費は、自己負担額が一律44400円に上限が設定されて

表1　介護保険の自己負担限度額（月額）

住民税課税所得	上限自己負担額（月額）
年収1,160万円以上	44,400円➡140,100円
年収770万円～1,160万円	44,400円➡ 93,000円
年収770万円以下	44,400円
市町村民税課税世帯	44,400円（世帯）
市町村民税非課税世帯	24,600円（世帯）
市町村民税非課税世帯（年金80万以下）	15,000円（個人）
生活保護受給者	15,000円（個人）

いましたが、今年8月からは、年収に応じた上限額に変更となりました。

高齢者であっても現役並み世代の所得がある人は、最大で毎月約10万円の自己負担額増加となります。親がどの所得階層に当たるのか、またご自身が40歳以上ならば、上限額を確認してみるのも良いでしょう（詳しくは、表1をご覧ください）。

①特別養護老人ホームの場合

特別養護老人ホームの助成には、以下のように新しい所得階層が加わりました。

そして、**新所得階層の第3段階②は、約2.2万円支出が増えました**（表2）。

②食費と居住費助成も自己負担増

また、**特別養護老人ホームの食費や居住費は、新所得階層ごとに日額の自己負担額が増額と**なりました（表3）。

表2

補足給付段階（現行）	
第1段階	生活保護受給者、世帯全員が市町村民税非課税の老齢福祉年金受給者
第2段階	世帯全員が市町村民税非課税かつ本人年金収入等80万円以下
第3段階	世帯全員が市町村民税非課税かつ本人年金収入等80万円超
第4段階	世帯に市町村民税課税者がいる、本人が市町村民税課税

（見直し後）	
第1段階	生活保護受給者、世帯全員が市町村民税非課税の老齢福祉年金受給者
第2段階	世帯全員が市町村民税非課税かつ本人年金収入等80万円以下
第3段階 ①	世帯全員が市町村民税非課税かつ本人年金収入等80万円超120万円以下
第3段階 ② 2.2万円 支出増	世帯全員が市町村民税非課税かつ本人年金収入等120万円超
第4段階	世帯に市町村民税課税者がいる、本人が市町村民税課税

表3

補足給付段階（現行）	
第1段階	生活保護受給者、世帯全員が市町村民税非課税の老齢福祉年金受給者
第2段階	第2～3段階が負担増対象へ
第3段階	
第4段階	そもそも助成対象外

（見直し後）	
第1段階	負担増なし
第2段階	600円 （210円負担増）
第3段階 ①	1000円 （350円負担増）
第3段階 ②	1300円 （650円負担増）
第4段階	変更なし

表4

補足給付段階（現行）	
第1段階	生活保護受給者、世帯全員が市町村民税非課税の老齢福祉年金受給者
第2段階	預貯金1,000万円以下（単身）
第3段階	
第4段階	そもそも助成対象外

（見直し後）	
第1段階	変更なし
第2段階	預貯金650万円以下
第3段階①	預貯金550万円以下
第3段階②	預貯金500万円以下
第4段階	変更なし

③ショートステイ（特別養護老人ホーム多床室）の場合

ショートステイは、食費の助成金額が見直しになりました。

第2段階から第3段階対象者は**日額の負担増**となります。

デイサービス利用者の食費負担との公平性を担保する観点からの見直しです（表4）。

④預貯金を基準に、補足給付段階をさらに細分化

食費や居住費の助成については、保有している預貯金が1000万円以下を第2・3段階としていました。

しかし、8月からは補足給付段階をさらに細分化、第2段階、第3段階①②に分かれました。そのため、この段階に該当する方は食費・居住費の自己負担が増加することになります。

介護保険の利用者が増えることで、今後も徐々に自己負担が増えていく流れとなるでしょう。

5章

お金の悩みは制度の利用で解決

❶ 親の年金と預貯金だけで介護費用は足りる？

日本人の健康寿命は何才？　気になる介護費用について

「令和２年版　高齢社会白書」では、平成28年時点での日本人の平均寿命と健康寿命（日常生活に制限のない期間）について述べています。

それによると、**平均寿命は男性が80．98歳、女性が87．14歳**でした。日本が、いかに長寿であるかが分かりますね。

一方、**健康寿命は、男性が72．14歳、女性が74．79歳でした**。逆に言えば、健康とはいえず「心身に何らかの支障がある期間」は、男性が約9年、女性が約12年あるということになります。

介護費用はどのくらい用意しておけばいいの？

では、その「心身に何らかの支障がある期間」において、実際に介護が必要な期間はどのくらいあるでしょうか。

公益財団法人生命保険文化センターが平成30年度に行った「生命保険に関する全国実態調査」によると、平均介護期間は54．5か月でした。つまり、平均介護期間は、およそ4．5年ということになります。

また同資料によると、大きな一時的な介護費用出費は平均69万円、毎月介護費用出費は平均7．8万円という結果でした。これは施設入所か、在宅生活継続か区別をせずに全てを平均した数字です。

これらを踏まえて、必要な介護費用を単純計算してみることにしましょう。

（介護費用総額を予想した結果）

●毎月介護費用出費は平均7．8万円×平均介護期間54．5月＝約425万円

●一時金などその他　約69万円

合計494万円

毎月の介護費用に、一時的介護費用の平均69万円を足すと500万円程度ということになります。あくまでもこれは目安に過ぎませんが、これらのお金を親自身が負担できるのか？　という視点で考えてみてください。また、このデータをもとに親子で今後のことを話し合うもの良いでしょう。

介護費用がかからなくとも、年金収入だけでは生活費が不足

退職した高齢者夫婦のみ世帯、あるいは高齢者独居世帯は、実際に暮らしていくための生活費はどのくらいかかるのでしょうか。

2019年に総務省が公表した「家計調査報告（家計収支編）」によると、高齢夫婦無職世帯（夫65歳以上、妻60歳以上の夫婦のみの無職世帯）の平均収入と支出は、可処分所得が206678円、消費支出が239947円という結果でした。

また、高齢単身無職世帯（60歳以上の単身無職世帯）の可処分所得は112649円、消費支出は139739円でした。可処分所得とは、年金収入から所得税や社会保険料等（医療保険料や介護保険料等）を差し引いた、いわゆる手取り額のことです。

つまり、多くの高齢者世帯の収支が「マイナス」であることが分かります。ここに介護が加わると、更にマイナス幅が大きくなります。

（世帯別月の平均収支）

・夫婦の場合（高齢夫婦無職世帯）
　可処分所得206678円－消費支出239947円＝33269円の不足

・単身の場合（高齢単身無職世帯）

可処分所得112649円―消費支出139739円＝27090円の不足

この調査では女性が60歳設定であり、女性平均寿命は90歳程度であることから、この赤字が30年続くと想定して計算すると老後資金は大きな額の不足になります。

（世帯別の生涯の平均収支）

・夫婦の場合（高齢夫婦無職世帯）
毎月不足額33269円×12ヵ月×30年＝11976840円の不足
・単身の場合（高齢単身無職世帯）
毎月不足額27090円×12ヵ月×30年＝　9752400円の不足

高齢夫婦無職世帯の生活費は、約1200万円不足、高齢単身無職世帯の生活費は、約1000万円不足ということになります。そして、そこに平均介護期間54．5ヵ月分の介護費用と、一時金の合計が約500万円となりますので、高齢夫婦無職世帯は約2200万円不足（500万円×夫婦2名分）、高齢単身無職世帯は約1500万円不足という結果になります。

もちろん、これはデータ上の数字を単純計算した場合のシミュレーションに過ぎません。

☆出典：総務省「家計調査報告 家計収支編 ２０１９年（令和元年）平均結果の概要」（stat.go.jp）

夫婦の介護費用なら、単純に倍にはならない

単身と違い、夫婦の場合は同居が前提であるため、介護費用は単純に平均の倍というわけではありません。

例えば、家のバリアフリーの住宅改修工事費用ひとつとっても、夫婦のどちらか一方の介護保険給付で行えば配偶者もその恩恵に預かれることになります。また、毎月の光熱費や新聞代、通信費なども1世帯分の支払いで済むのは同居の強みといえるでしょう。

とはいえ、データの数字を参考に、今から**親の資産はどのくらいあるのかをしっかり把握しておきたい**ものです。お金のことは「隠し事なし」で、しっかり話し合うことが大切です。

❷ 制度の利用につながれば、介護離職は防げる

介護離職者は、毎年10万人超えという現実

前ページで、親の介護に必要なお金のことついて書きましたが、介護には、決して小さくないお金がかかることがお分かりいただけたと思います。

こうしたデータを見ても、子どもの介護離職は絶対に避けなければなりません。しかし実際には、内閣府の「令和元年版　男女共同参画白書」によると、**全国の介護離職者は1年で10万人を超えています**。2010年は5万人弱であったことを考えると、10年で2倍以上に膨れ上がりました。

また、2014年に明治安田生活福祉研究所とダイヤ財団が行った共同調査によると、介護離職した人の半数以上は、親に介護が必要になってから、1年以内に介護離職をしているようです。

☆出典：内閣府男女共同参画局「介護・看護を理由とした離職者数の推移（男女別）」
☆出典：明治安田生命「仕事と介護の両立と介護離職に関する調査」（2014年）

介護離職後の仕事、キャリアはどう変わったか？

さらに同調査では、介護離職後の再就職についてもふれています。

それによると、介護離職後に正社員として転職できた人は、男性は全体の約1／3、女性では約1／5に過ぎませんでした。そして再就職ができた方のうち、男性の約30％弱、女性の約60％近くがパート・アルバイトという働き方に変わっています。

その結果、**年収は前職に比べて40～50％も減少したという方が少なくありません。**

介護離職者の8割は「後悔している」

子が、介護状態になってしまった親を思う気持ちは素晴らしいことです。

しかし、それにより現役世代である子が職を失うのは本末転倒といえます。なぜなら、介護離職の先には「厳しい金銭的現実」が待っているからです。

介護離職した人の8割以上の方は、仕事を辞めたことを後悔しているといわれています。しかし、それでも介護離職を選んでしまう方は年々増え続け、今では毎年10万人をも超える人が介護離職をしているということは、日本全体の問題です。

離職の大きな要因の一つとしては「親の介護は子がするもの」という考え方が、いまだに日本に根付いていることがあります。もちろん、家族介護をすることは悪いことではなく、むしろ理想かもしれません。しかし、大家族がみんなで手分けをして行っていた昔の介護とは違い、現代では一人の介護者に集中してしまいます。

介護に行き詰まった上に生活が苦しくなると、「子が親に手をあげてしまう」など高齢者虐待のリスクも高まることが分かっています。

介護離職をする前に、まずは会社の上司や先輩、地域包括支援センターへ相談し、本当に離職する必要があるのか、離職しか選択肢がないのかを冷静に考えてみましょう。

介護サービスのプロが入れば、実は日常生活も落ち着いていく

親の介護が始まった当初は、ありとあらゆる知らないことだらけの作業に追われるため、負担に感じてしまうのも無理はありません。

実際に、病院の退院手続きからケアマネジャー選び、要介護認定を受けてからは、各介護サービス事業者との契約手続などによって、日中も時間を割かれることでしょう。そのため、一時的に仕事を休まなくてはならないこともでてきます。

しかし、この**大変なタイミングはおよそ1〜2か月だと思ってください。介護離職をした多くの方にはそうした情報が少なく、「この大変さがずっと続くと思ってしまった」という方が少なくありません。**「介護サービスが始まってからは、ある程度落ち着く」ということを事前に知っていれば、介護離職には至らなかった可能性があります。

逆に言えば、**1〜2か月の間、会社を早退させてもらったり休暇を取ることができれば、介護サービスを導入するまでの忙しい時期を乗り切ることができます。**慌ただしい期間が分かっていれば、会社にも相談しやすいのではないでしょうか。

ぜひ、「自分は介護離職をしない」という前提で、会社や介護のプロたちと**介護と仕事の両立について考えてみて下さい。**介護サービスを導入するまでの間、介護休業制度等を活用することも有効です。

大事なことは制度を利用すること、そして離職しなくて済む道を考えることです。

❸介護休業制度で乗り切る！ 入退院の付き添いや在宅介護

介護休業制度

介護離職を防止するために活用したいのは、介護休業制度です。

現職の方が、要介護状態（負傷、疾病、身体・精神上の障害によって、2週間以上の期間で常に介護が必要である状態）にある家族を介護するために取得することができる休業制度です。

通算で、**93日間取得**することが可能であり、3回までを上限として、分割して取ることもできます。

これは仕事と介護を両立するために必要な権利です。親の介護を長く続けていくためにも、遠慮なく事業主に申し出てください。

対象のとなる家族の範囲は、配偶者（事実婚可）、両親、子供・孫、配偶者の両親、祖父母、兄弟姉妹までです。休業開始日の2週間前までに、書面等で事業主に申請します。

ただし、**入社1年未満の方、1週間の所定労働日数が2日以下の方等は労使協定によっては**

対象外となります。

逆に言うと、正規職員に限らず、入社1年以上であれば、非正規職員やパート・アルバイトの方でも取得が可能です。必要に応じて活用しましょう。

☆出典：厚生労働省「介護休業制度」

介護休暇

介護休暇とは、1年間で介護対象者1人に対して5日、両親2人が介護対象者ならば10日、介護休暇を取ることが可能な制度です。しかも、有給休暇や介護休業とは別途で取ることができます。

やや短い期間ではありますが、ケアマネジャーとの話し合いや行政手続き、親の通院介助等、柔軟に活用できます。また、この制度は小間切れで取ることができます。

例えば、半日や時間単位で取得可能ですので、使い勝手が良いといえます。なお、この制度にも制限があり、入社6ヵ月未満の方、1週間の所定労働日数が2日以下の方等は労使協定によっては対象外になります。

介護休業給付金

この制度は介護休業中であっても、一定程度は賃金が保障される制度です。具体的には、支給対象期間ごとの支給額は、次の計算式の通りです。原則「休業開始時賃金日額×支給日数×67％」が支給されます。介護休業期間と同じく、93日間を上限に支給されます。

支給対象者となるのは「介護休業開始日前2年間に、賃金支払基礎日数が11日以上ある完全月が12ヵ月以上ある人」となります。しかしながら、12ヵ月未満であっても要件が緩和される場合もあるので、厚生労働省やハローワークのホームページをご確認ください。

☆出典：厚生労働省ホームページ

短時間勤務等の措置

この制度は、フレックスタイム制や時差出勤、短時間勤務等を可能とします。介護休業とは別で、3年間で2回以上の利用ができます。ただし、入社1年未満の方、1週間の所定労働日数が2日以下の方等は労使協定により対象外となる場合は利用できません。

所定外労働の制限

この制度は「残業の免除」のことであり、事業主に義務付けられています。1回につき、1か月以上1年以内の期間で利用可能です。ただし、対象となるには短時間勤務等の措置と同じ要件があります。

時間外労働の制限

この制度も事業主に義務付けられている制度ですが、1か月に付き24時間、1年につき150時間を超える時間外労働をさせることが禁止されています。ただし、短時間勤務等の措置と同じ要件があります。

深夜業の制限

この制度も事業主に義務付けられている制度です。深夜帯（22時～5時）に働かせることを禁じています。ただし、1回につき1か月以上6ヵ月以内の期間です。ただし、短時間勤務等の措置と同じ要件の他、そもそも深夜に就労している方等も対象になりません。

❹高齢者も受給できる「特別障害者手当」

もらえる手当を受給して、経済的な基盤づくりを

高齢者を抱えるご家族の中には、仕事の時間をセーブして働いている方、介護にかかる時間を確保するため役職につくことを断って働いている方など、経済的・時間的に苦心されている

方がたくさんいらっしゃると思います。そんな中、定期的なお金の支援があれば生活はとても助かりますね。

さて、皆さんは障がい者手帳を持っていなくても高齢者が受給できる「特別障害者手当」をご存じでしょうか？　申請窓口は市区町村になりますが、国の手当なのでどこの地域にお住いでも要件を満たせば受給することができます。

ＷＨＯ（世界保健機関）からみて、高齢者と障がい者は同じ

突然ですが、皆さんは介護状態になった「高齢者」と「障がい者」の違いについて正しく説明できますか？

私はこの仕事につくまで、明確な答えを知りませんでした。さて、ここでは高齢者の手当のお話しをしますが、もらえるはずの手当を見逃さないためにも手当を受給する要件やベースとなる考え方をお伝えしたいと思います。

一見、高齢者と障がい者では違うように思いますが、実は、障害者基本法第二条には次のように書いてあります。

（定義）

一　障害者：身体障害、知的障害、精神障害（発達障害を含む。）その他の心身の機能の障害

（受給要件）

特別障害者手当とは	身体または精神に著しい障害を有する方に対して支給される手当（高齢者も対象）
申請窓口	お住いの市区町村
受給要件	20歳以上で、おおむね、身体障害者手帳1、2級程度及び愛の手帳1、2度程度の障害が重複している方、もしくはそれと同等の疾病・精神障害を有する方
所得制限	あり　※東京都福祉保健局HPをご覧ください
手当月額	2万7,350円　※令和2年4月現在

（以下「障害」と総称する。）がある者であつて、障害及び社会的障壁により継続的に日常生活又は社会生活に相当な制限を受ける状態にあるものをいう。

障がい者の定義とは、「日常生活又は社会生活に相当な制限を受ける状態にあるもの」となっています。つまり、**要介護状態になった「高齢者」と「障がい者」を分けてはいません。**手当の名称に「障害者」と書いてあったため、高齢者には関係ない手当だと思ってしまい、もらえるはずの手当を見逃してしまうことがあります。

特別障害者手当の要件とは

特別障害者手当の要件は在宅であること、そして医師の診断書で「著しく重度である」と診断されていることなどです（施設に入居していても、「住宅」扱いとなる施設もあるため市区町村や施設へご確認下さい）。

申請は、住所地の市区町村の窓口です。**在宅で要介護4〜5な**

ど**「身体に著しい障害を有する」要件に当てはまると思われる場合は、市区町村へ**お問い合わせください。

在宅介護の経済的負担の軽減につなげ、長期の介護生活に備えましょう。

（ただし、以下の場合は除きます。施設に入所している、病院または療養所等に3カ月を超えて継続して入院している、など）

❺知らなきゃ損！　市区町村へ「介護手当」の確認を

寝たりきり高齢者や家族介護者へ「介護手当」

さて、皆様は家族介護者の経済的支援として、「介護手当（介護慰労金・介護支援金などの略）」があることをご存じでしょうか？

市区町村が独自に要件や金額を決めており、現在全体の約半分以上の市区町村が手当の支給を行っています（全ての市区町村で実施しているわけではありません）。

意外に受給もれが多い手当の一つです。ここでは総称で「介護手当」と呼んでいますが、各市区町村では様々な呼び名になっていますので、介護手当を調べる際はご注意下さい。

気になる！　受給要件と毎月の支給額は？

介護手当の支給目的や要件、金額は市区町村によって様々です。

（手当の支給目的）
・家族介護に対する慰労や激励、ねぎらい
・家族介護の経済的負担軽減
・福祉の向上、増進
・心身負担軽減など

（介護手当の特徴）
・使い道が自由。報告書やレシートを提出する必要がない
・手当は基本的に遡って受給はできない
・金額だけでなく介護手当の「支給要件」も様々
※要介護3，4，5の在宅介護者に介護手当を支給する市区町村もあれば、介護度ではなく独自の要件を設けていることもある

（毎月の支給金額）

・3千円～4万円が全体の相場

経済的なゆとりを得ることで、介護をするご家族の気持ちも安定し、介護の質も向上することがわかっています。

親が倒れた時には介護度が低く、介護手当の対象でなかったとしても、介護認定更新の段階では介護度が重くなる可能性があります。その時には、この手当のことを思い出して下さい。

申請のタイミングを逃さないためにも、まずは事前にお住いの市区町村の制度を調べておくとよいでしょう。

❻負担限度額認定で施設費用を減額

施設入所を希望しているけど、いくらかかるか心配

今まで在宅介護で頑張ってきたものの、いよいよ施設入所を考えなくてはならない段階にくることがあります。

そんな時、1番心配になるのはやはりお金のこと。

一言で「高齢者施設」と言っても、それぞれに特徴があり費用にも幅があります。施設入所を希望しているけれど、親の年金は5万円程度、預貯金もほとんどないケースもあります。

その場合、施設にかかる費用を子どもが補填しなくてはなりません。子育てと違い、介護は何年かかるか分からないのが辛いところです。

それゆえ介護にかかるお金のことを真剣に考えたいものです。

施設費用が安くなる「介護保険負担限度額認定」

施設へは入所させたいけれど、経済的に厳しい。そんなご家庭は多いのではないでしょうか？ そこで、高齢者施設に入所した時に、その費用を一部負担してもらえる「介護保険負担限度額認定」という制度をご紹介します。

対象になるのは要介護者が非課税世帯である方や、生活保護世帯という要件などがありますが、受理されると「居住費・食費」が軽減されます（※介護保険施設でのみ利用可能）。

認定証の提示によって、施設費用はおよそ5～10万円程度安くなりますのでしっかりチェックしましょう。

★参考：江東区ホームページ（令和2年6月現在）

表1　負担限度額の認定を受けられる方

利用者負担段階	対象者 （住民税の課税状況は5月頃発送される介護保険料決定通知書等でご確認ください。）
第1段階	生活保護受給者の方・老齢福祉年金受給者で世帯全員が住民税非課税の方で、かつ本人の預貯金等（P146表4）が1,000万円以下（配偶者がいる場合は夫婦あわせて2,000万円以下）の方
第2段階	世帯員全員及び配偶者が住民税非課税で、本人の合計所得金額と課税年金収入額と非課税年金収入額の合計が80万円以下の方で、かつ本人の預貯金等（P146表4）が650万円以下（配偶者がいる場合は夫婦あわせて1,650万円以下）の方
第3段階①	世帯員全員及び配偶者が住民税非課税で，本人の合計所得金額と課税年金収入額と非課税年金収入額の合計が80万円超120万円以下の方で、かつ本人の預貯金等（P146表4）が550万円以下（配偶者がいる場合は夫婦あわせて1,550万円以下）の方
第3段階②	世帯員全員及び配偶者が住民税非課税で、本人の合計所得金額と課税年金収入額と非課税年金収入額の合計が120万円を超える方で、かつ本人の預貯金等（P146表4）が500万円以下（配偶者がいる場合は夫婦あわせて1,500万円以下）の方
第4段階（非該当）	本人が住民税課税となっている方 または、配偶者が住民税課税となっている方 または、本人が属する世帯の中に住民税課税者がいる方 または、本人の預貯金等（P146表4）が一定額を超える方

（令和3年8月現在）

経済的に厳しいなら「介護保険施設」入所を検討しよう

前述のように、**介護保険負担限度額認定は、特別養護老人ホームなどの「介護保険施設」で適用される制度です。**親が特別養護老人ホーム（介護保険施設）などに申し込む要件を満たしていれば費用を抑えることもできます。

費用が安い施設は人気のため順番待ちはあるものの、制度の利用を知らないばかりに限界まで在宅介護を続けてしまうのはおすすめできません。

費用軽減の対象は「居住費と食費」

さて、「介護保険負担限度額認定」を利用した場合、施設入所費用はどのくらい違うのでしょうか。費用軽減の対象となる「居住費と食費」の金額を比較してみましょう。

〔例〕
介護保険負担限度額認定が適用された場合　※収入状況によって減額の幅があります
居住費：1日2000円➡320円
食　費：1日1400円➡300円
これをひと月（30日）に換算すると83400円。1年で1000800円もの費用が軽減

利用者負担段階と負担限度額（1日につき）

利用者負担段階	居住費または滞在費			食費	
	従来型個室	多床室	ユニット型個室	施設サービス	短期入所サービス
第1段階	490円（320円）	0円	820円	300円	300円
第2段階	490円（420円）	370円	820円	390円	600円
第3段階①	1,310円（820円）	370円	1,310円	650円	1,000円
第3段階②	1,310円（820円）	370円	1,310円	1,360円	1,300円
第4段階	負担限度額はありません（金額は施設にご確認下さい）				

されます。介護施設入所をするなら、利用できる制度とセットで検討しましょう。

申請手続きは、親に代わってサポートを

ここまで、お金に関わる制度のお話しをしましたが、本当に経済的に苦しいときはお住いの市区町村の介護保険課などに相談しましょう。

また、介護状態になる前に「親の経済的状況」を知っておくことも大切です。

制度の申請は、基本的には本人が行うものですが、親が高齢になったら子供が頼りです。親に代わって手当の申請をすること、なにより情報を集めることが大切です。

❼医療費と介護費、払い過ぎには還付がある

高額療養費制度

医療費には支払上限額があります。

同月内（1日~末日）に病院や診療所、歯科医院、薬局等で支払った窓口負担金は、その上限額を超えた分が還付されます。支払上限額は年収に応じて異なりますが、年収で1160万円以上の方を除き、限度額適用認定証を提示することで、窓口での支払額が自己負担の上限額内となります。

なお、認定証の発行についてはご自身が加入している健康保険組合等に確認してみてください。

4回高額療養費制度対象になると、さらに負担が減る

さらに、「多数回該当」という仕組みがあります。

医療費支払額が過去1年以内に「3回を超える」頻度で高額療養費制度の対象になると、4回目からはさらに医療費支払上限額が下がるというものです。

（70歳以上の医療保険・介護保険自己負担額の合算した負担限度額）

適用区分		世帯負担限度額（年額）
現役並み	年収約1,160万円以上　課税所得690万円以上	212万円
	年収約　770万円以上　課税所得380万円以上	141万円
	年収約　370万円以上　課税所得145万円以上	67万円
一般	年収約　156万円以上　課税所得145万円未満	56万円
低所得者	住民税非課税世帯	31万円
	住民税非課税世帯（年金収入80万円以下）	19万円

世帯をすべて合計してカウントできる

皆さんのご両親が世帯を同じにしていて、後期高齢者医療制度等の同じ公的医療保険に入っていれば、医療費を足し合わせることもできます。

ただし、入院中の食事代や差額ベッド代等の保険診療と異なるものは高額療養費制度の対象外です。

高額介護（介護予防）サービス費支給制度

介護保険の自己負担限度額についても医療費と同様、支払上限額があり世帯で合算することが可能です。

両親の介護費用のうち、**片親の分だけでは自己負担限度額に達しないときも、両親の支払い分を合算すれば、世帯での合計支払上限額を超えることがあります。**その際には、この制度によって、それぞれに按分された金額が還付されることとなります。

対象になった場合は、**市区町村から「支給申請書」が送付**されてきます。

なお、福祉用具の購入費用や住宅改修の自己負担分、施設介護サービスの食費・居住費等は対象にはなりません。

高額医療・高額介護合算療養費制度

同じ世帯が年間に払った医療費と介護費を合算して、その額が世帯負担限度額を超えた時、年収別になりますが、その負担額が減ります。

市区町村によっては、対象者には案内を送付してくれるところもありますが、「わが家が該当者かどうか」について不明な場合は、加入の医療保険者や市区町村に問い合わせてみましょう。

❽確定申告で医療費・介護費を税額控除

医療費控除とは

医療費控除とは、1月から12月までの1年間の間に、本人だけでなく、生計を一にする家族が払った医療費の合計額に対して、そのうちの一定額を所得から控除できるというものです。

つまり、家族が離れて住んでいても、生計を一にする家族ならば、全員分を合算してカウントすることができるのです。

家族全員分の医療機関や薬局の領収書は、取っておくように心がけてください。また、**ドラッグストアの領収書でも市販薬等は対象になりますので、これもまた捨てないでとっておきましょう。**

さらに、交通費についても、ガソリン代や駐車場代は対象外ですが、**公共交通機関を使用した場合は対象になるので記録**しておきましょう。

医療費控除の計算方法は以下の通りです。

医療費控除額＝（医療費控除の対象になる医療費－保険金等で補てんされた金額）－10万円

（総所得200万円未満の人は総所得金額等×５％）

なお、**計算の最後に「10万円」か「低所得者は総所得の５％」を引く**ことになっていますが、低所得者の場合は、医療費が10万円に達しなくても控除を受けられるようにするため、こうした計算式になっています。

年収が１５０万円の人ならば、１５０万円×５％＝７．５万円

医療費が10万円に達していなくとも、７．５万円超える医療費を支払っていれば、その超えた分は医療費控除が受けられます。

☆出典：国税庁「令和2年度版　暮らしの税情報　医療費を支払ったとき」

セルフメディケーション税制

既述のいわば「通常の医療費控除」ではない、もう一つの選択肢として、セルフメディケーション税制があります。

これは1年分の「特定の医薬品購入」費用について所得控除を受けることができるものです。「特定の医薬品購入」とは、分かりやすい例をあげるとドラッグストアの領収書に「セルフメディケーション」と記載のある医薬品購入です。

または「健康の保持増進及び疾病予防への一定の取組み」、例えばインフルエンザ予防接種や人間ドック等が例であり、そうした購入や取組みに対しての控除です。医療費控除と同じく、皆さんや生計を一にする家族が対象です。

なお、セルフメディケーション税制の適用を受けることを選択した方は、通常の医療費控除を受けることはできませんので、ご注意ください。

☆出典：国税庁「セルフメディケーション税制について」

介護費用も医療費控除対象になる

医療費同様、介護費用も医療費控除対象になります。

例えば、特別養護老人ホームの**施設サービス費用（介護費の自己負担金、食費）については1／2が控除対象額となります。**要介護1～5の要介護認定を受けていることなど要件がありますが、施設から発行される領収書は取っておきましょう。

介護老人保健施設と介護療養型医療施設の施設サービス費の自己負担額等は、介護保険制度施行以前から医療費控除対象になっています。

また、居宅サービスのうち医療系の**サービス（訪問看護、訪問リハビリテーション、居宅療養管理指導、通所リハビリテーション及び短期入所療養介護）を利用した場合は、医療費控除の対象と**なっています。こちらも領収書の保管をお忘れなく。

さらに、**訪問看護・訪問リハビリテーション・居宅療養管理指導・通所リハビリテーション・短期入所療養介護と併用して利用する、次にあげる居宅サービス費についても、控除対象となります。生活援助を除く訪問介護費用、訪問入浴、デイサービスやショートステイ費用も**控除対象です。

☆出典：国税庁「介護サービス費」

❾ 申請漏れしてない？ 親の遺族年金をチェック！

遺族年金とは

遺族年金とは、皆さんの両親のどちらかが先に亡くなった際に、**残った配偶者がもらえる年金**のことです。

よくあるイメージとしては、「父親が亡くなり、母親が受け取る年金」というケースが比較的多いパターンかと思います。遺族年金には、遺族基礎年金と遺族厚生年金の2つがあります。

遺族基礎年金とは

遺族基礎年金は、自営業者などの「第一号被保険者（国民年金）」が死亡した場合に受給できます。

被保険者ないしは老齢基礎年金の受給期間が25年以上ある場合に支給されますが、条件があります。「被保険者が死亡する前日において、死亡日が含まれる日の前々月までに**保険料納付済期間が2／3以上**である」ことが必要です。

遺族基礎年金の対象者は、被保険者と生計を一にしていたことが前提で次の通りです。

①子供がいる配偶者

②子供本人

なお、子供の定義としては2種類あります。第一は「**18歳到達年度の末日（3月31日）が未経過」の子供**であること、第二は「**20歳未満で障害年金の障害等級1級もしくは2級」の子供**であることです。

具体的な年金額としては、「**780900円＋子の加算**」となりますが、子の加算は以下の通りです。

第1子・2子はそれぞれ224700円、そして第3子以降はそれぞれ74900円となります（**令和3年4月現在**）。

遺族厚生年金とは

厚生年金の被保険者が死亡した際に受給できます。

ただし、遺族基礎年金と同様の受給条件があり、「被保険者が死亡する前日において死亡日が含まれる月の前々月までに**保険料納付済期間が2／3以上**である」ことが必要です。また、老齢厚生年金の**受給期間が25年以上ある人**の死亡のほか、**1級・2級の障害厚生年金を受けら**

れる人が死亡した際も受給できます。
そして、これも遺族基礎年金と同じで、遺族厚生年金の対象者は、被保険者と生計を一にしていたことが前提で次の通りです。

妻、子・孫（18歳到達年度の末日（3月31日）が未経過、ないしは、20歳未満で障害年金の障害等級1級もしくは2級であること）です。そして、妻が亡くなった夫の場合は55歳以上であること、そのほか父母・祖父母も対象ですが、支給開始は60歳になってからです。

なお、実際にいくら受給できるのかについては、遺族基礎年金と違い非常に複雑な計算式のためここでは割愛します。
親のどちらかが亡くなったら、**国民年金の場合は市区町村、厚生年金の場合は年金事務所**に問合わせてみてください。
☆出典：「遺族基礎年金（受給要件・支給開始時期・計算方法）」日本年金機構

遺族厚生年金には、支給金額が加算になるケースもある

厚生年金の被保険者である夫が亡くなった時、妻が40歳以上65歳未満であり、次に該当する場合は、年額585700円が上乗せされます。これが**「中高齢寡婦加算」**と言われる加算で

す。

①夫死亡時に40歳以上65歳未満で、生計を同じくしている子がいない妻であること（子とは、18歳到達年度の末日（3月31日）が未経過、ないしは、20歳未満で障害年金の障害等級1級もしくは2級であること）

②遺族厚生年金と遺族基礎年金を受給していた子供がいる妻が、子供が18歳到達年度の末日に達した（障害の状態にある子供の場合は20歳に達した）ので、遺族基礎年金を受給できなくなったとき

①の場合

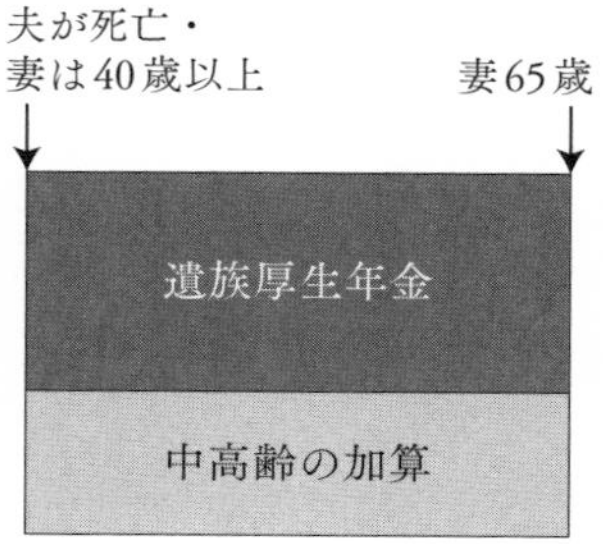

②の場合

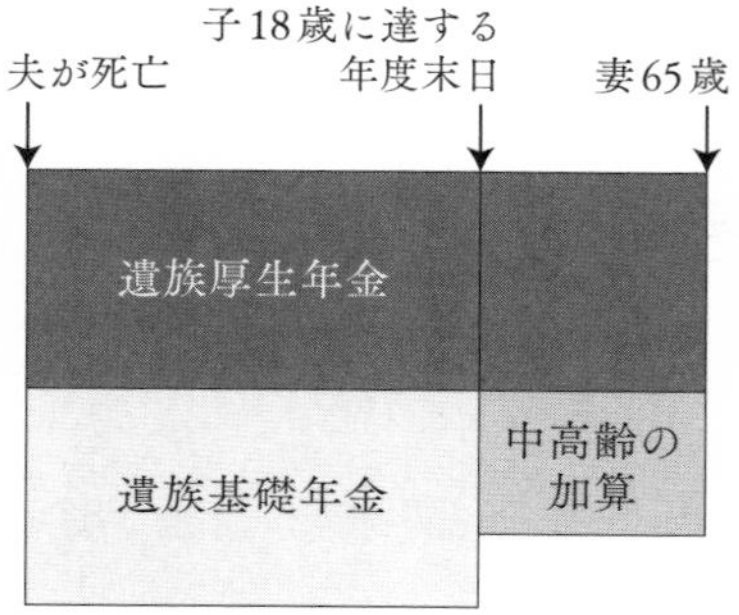

このように、親や皆さんご自身の状況により、遺族年金はもらえる制度や額が異なります。また、制度が非常に複雑でもあります。

もし、皆さんの親や配偶者等が亡くなった場合は、まずは

「市区町村」や「年金事務所」に問い合わせてみてください。

⑩金銭管理ができなくなったときの支援制度

日常生活自立支援事業

親が認知症になる、あるいはそこまでいかなくとも物忘れがひどくなる等、お金の管理が難しくなってきた場合、なにか支援策はあるのでしょうか？

例えば、成年後見制度（後述）も有効な対策の一つと言えますが、ここでは**成年後見制度活用までは至らない人に対しての支援策**について述べます。それが「日常生活自立支援事業」です。窓口は、**市区町村の社会福祉協議会**となっています。

実際の金銭管理の他、預金通帳や印鑑等の重要物の管理などの支援をしてくれます。

（対象者について）

日常生活自立支援事業は、判断能力が不十分である方を対象としており、認知症高齢者、知的障害者、精神障害者等がその対象とされています。

言いかえると、日常の生活をしていくために必要なサービス利用のための情報入手やその理解、判断や意思表示等が本人だけで行うことが難しい方です。

（具体的な援助の内容）

・福祉サービスの利用援助
・苦情解決制度の利用援助
・住宅改造、居住家屋の貸借、日常生活上の消費契約及び住民票の届出等の行政手続に関する援助

を行います。

この3つの援助に伴う支援内容としては、例えば預金の払戻、預入、解約の手続、介護サービスの利用者であれば日常生活費用管理を、皆さんに代わり行います。

また、**福祉サービスの利用料金支払い代行、医療費の支払いの手続き、税金・社会保険料、電気、ガス、水道等の公共料金支払、日用品購入の代金支払い、通帳等の重要書類の預かり**等々、幅広くフォローしてくれます。

また、定期訪問により、**利用者の生活の変化について察知**していくという役割も期待されています。

（利用までの流れ）

まずは、利用を希望する方は、社会福祉協議会等に相談をしてください。利用が適切と判断されれば、「支援計画」が作られ、それに合意すれば契約が結ばれます。そして、生活支援員が計画をもとに支援していく流れです。

費用は、**1回あたり全国平均としては、1200円程度**とされています。成年後見制度よりも簡易的で使いやすい制度です。

☆出典：厚生労働省「日常生活自立支援事業」

成年後見制度

認知症等の発症により、親の判断能力が不十分な状況に置かれた場合、本人に代わって、成年後見人等が預貯金をはじめとした財産の管理、入院や介護サービス利用契約等の契約行為も行います。高齢者の判断能力の状態に応じて、**後見・補佐・補助**に分かれています。

- **補助**：物忘れの症状の他に、**物事理解に不安**を感じるという程度
- **保佐**：**判断能力が著しく不十分**な状態の人。**契約行為は保佐人の判断**で進める
- **後見**：高齢者が**自らの判断をする能力を欠く**状況にあるため、**後見人自らがほぼ全ての法律行為**を行う

（利用までの流れ）

まずは成年後見人等になってもらう候補者を決めますが、候補者の例としては、ご家族や信頼できる人や専門家（弁護士・司法書士・行政書士等）などです。

そして必要申請書類を本人の住所地や居住地を管轄する家庭裁判所に申立てます。家庭裁判書には事前に予約が必要です。

その後、本人への面接や状況調査等を行い、親族の意向を確認します。必要がある場合は、医師による鑑定も行われ審判が下りるという流れです。

利用者が後見人等へ支払う金額についても、家庭裁判所が決定します。

☆出典：横浜市社会福祉協議会　横浜生活あんしんセンター「法定後見制度」

日常生活自立支援事業と成年後見制度について

前述の日常生活自立支援事業では、「契約行為の支援」ができます。

一方、成年後見制度は、後見人等が「本人に代わって意思決定」と「契約行為等を直接行う」ことが可能です。

例えば介護施設の入退所、病院への治療や入院契約、不動産売却や遺産分割、消費者被害への取消手続等が該当します。それぞれの特徴を生かし、状態に合った支援をうけましょう。

⓫自宅で最期を迎えるのは日本では1割、海外は？

最期を迎えたい場所と、現状とのギャップ

平成28年に厚生労働省が出した「人生の最終段階の医療における厚生労働省の取組」というレポートによると、日本では「自宅で最期を迎える人は12.9%」にとどまっています。

一方で、「病院で最期を迎える人は75.6%」もおります。同レポートは、約60年前の日本での最期を迎える場所についても言及しており、当時は「自宅が82.5%」、そして「病院が9.1%」という状況でした。

まさに、現代は「自宅での最期」と「病院での最期」の割合が、60年前とはそっくりそのまま、逆転した状況にあります。

ただ、昔の日本は3世代同居が通常の家族の形であり、介護の手があったため自宅療養も可能でした。また、医療機関も少なく自宅療養をせざるを得ない状況であったともいえます。

しかし、**高度経済成長期に入ると、子供世代が都会に出ていくようになり、親世代のみが残るという状況になりました。**そうして親の面倒を見る人が少なっていったという流れがあります。今や医療も目覚ましい進歩を遂げ、「最期は病院に任せる」という流れが一般化していっ

たという歴史的経緯もあります。

また、同レポートは「どこで最期を迎えたいか」についての調査結果も示しています。それによると、「自宅が54．6％」で最も高い希望であった一方、「病院などの医療施設が27.7％」、「特別養護老人ホームなどの福祉施設は4．5％」としています。「自宅で最期を迎えたい」と思っている人が多いにも関わらず、実際の現実とは、「ミスマッチ」が起きてしまっているといえるでしょう。

ただし、「最期を迎えたい場所」というものは年齢、その時々の心身の状態、家族の介護環境等により変化するものです。なにが良いとは一概に言えないことも事実です。

海外の、最期を迎える場所事情

さて、海外は、最期を迎える場所についてどのような状況なのでしょうか。長谷川和夫氏（聖マリアンナ医科大学名誉教授）を長とする、ILC Japan企画運営委員会が2014年に出した「理想の看取りと死に関する国際比較研究」によると、日本が病院死の割合が突出して高い結果になっています。先進各国の中で、病院死が毎年80％程度で推移しているのは日本のみです。他の主要国では、フランスは60％以下、アメリカに至っては40％程度、さらに、オランダの場合は30％以下という結果でした。海外と比べて、日本の自宅死についてはまだまだ多くの課題がありそうです。

☆出典：国際長寿センター「理想の看取りと死に関する国際比較研究」

これからの最期の場所

海外と日本の事情を比較して、「海外は良いが、日本はだめだ」という気はありません。各国における歴史的経緯も違いますし、民族性の違いもあります。あくまでも現実の数字として参考にして下さい。

とはいえ、日本でも「自宅での最期を迎えられる環境」については考えていかなくてはなりません。実際に国の政策はそちらにカジを切っていますので、今後は**「親を自宅で送る」ということがより現実的になってくるでしょう。**

そのためには、**「訪問介護」や「在宅診療」等のプロの力を借りて連携をしていくことです。**

一方、最近は病院ではなく「介護施設での最期」が増加傾向にあります。これは「看取りを行う」介護施設が増えてきたことが要因の一つです。

実際に、高齢者本人は施設入所した後、自宅に住んでいたころの愛着の品を居室に持ち込む**ことを認める施設も増えてきました。それにより、高齢者本人が自宅に近い環境で過ごせるこ**と、医療と介護の連携がとれるようになってきたことから増加傾向になってきているようです。

これからは、「病院死」か「自宅死」かという二択ではなく、ますます選択肢が増えてくることでしょう。

6章

知っておきたい！認知症と遠距離介護のこと

❶ 認知症の症状とは？ まずは特徴を知ろう

2025年、高齢者の5人に1人が認知症になる？

厚生労働省は、団塊の世代が75歳以上の後期高齢者となる2025年、実に約700万人が認知症になると推計しています。この数字は、高齢者の5人に1人が認知症になるということを意味しています。

このことから、今後の介護を考えるうえで、絶対に欠くことができないケアの一つが認知症といえます。

認知症とは、脳の機能が低下したために障害が起き、生活に支障が出ている（およそ6カ月間続いている）状態のことです。認知症の症状は記憶障害だけではなく、主に次のようなものがあります。

①中核症状

・記憶障害（食事をしたことを忘れる、最近のことを思い出せない）
・理解、判断力の障害（家電が使えなくなったり、会話の理解ができなくなる）
・実行機能障害（段取りよく行動できない、料理がうまく作れない　など）

・見当識障害（迷子になる、昼夜逆転、人との関係が分からなくなる）
・失語など（言葉が出てこない）

②行動・心理症状
・見えないものが見える（幻覚）
・物を盗まれたと思い込む（妄想）
・自分の気持ちを言葉にできないことによる怒り、暴力（暴力行為）
・落ちつきがない、家の中を歩き回る（せん妄）
・気分の落ち込みや無気力、無関心（抑うつ）
・風呂に入らない（不潔行為）
・その他、徘徊や異食など

早期に発見できれば、進行予防や回復が見込める

また、認知症には本格的な発症する前の段階があり、それをＭＣＩ（Mild Cognitive Impairment）、『軽度認知障害』といいます。この段階では、物忘れが多くなる傾向が強まるものの、認知症という診断には至りません。例えば認知症発症者の場合、買い物をした際は、その買い物をしたという事実そのものを忘れてしまいます。しかし、ＭＣＩ（軽度認知障害）の段階で

は、買い物をしたことは覚えています。しかし、どこで何を買ったかを覚えていない、というイメージです。

あなたのご家族がもし**MCIと診断された場合、医師や看護師、介護士等や家族から容態に応じた適切な医療・介護の提供を受けることにより認知機能が正常な状態に回復する可能性があります**（MCIと診断された方のうち、5年後に38．5％が正常化したという報告もあります）。

家族が、同じものばかり買ってくる、約束を忘れる、通帳や大切な書類をなくすなど、普段と違う様子がみられたら早めに医療機関で受診をしてもらうようにしましょう。

認知症は、早期発見・治療が有効です。

MCI（軽度認知障害とは）

- ●正常と認知症の中間の状態
- ●物忘れはあるが、日常生活に支障がない
- ●年間10～30％が認知症に進行する
- ●MCI（軽度認知障害）から、正常な状態に回復する人もいる　※適切な医療・介護の提供が必要となります

中核症状の次は、行動・心理症状へ

ＭＣＩから認知症発症に至った場合は、まず中核症状を起こします。これは脳細胞が壊れていくことから発症するものです。記憶障害として近い記憶から忘れていく症状のほか、時間や場所の認識ができない、**今まで当たり前にできていた家事が徐々にできなくなる、会話がおかしくなるなどの症状が中核症状**です。

その後、二次症状である行動・心理症状（周辺症状・ＢＰＳＤ＝Behavioral and Psychological Symptoms of Dementia）が現れます。例えば、すぐ不穏になる、なかなか言葉が出てこなくなる、少しのことで怒る、家族や介護者に対し暴言や暴力をふるう、物をとられたと妄想する、幻覚が見える、季節外れの服装をしている、そして徘徊など。皆さんがイメージする認知症の具体的な症状が顕在化します。

★参考：厚生労働省老健局「認知症施策の総合的な推進について」（令和元年）

認知症の種類にはどんなものがあるの？

主な認知症の種類は、原因別に４つです。割合の多い順に紹介します。

●アルツハイマー型　67.6％

（原因）脳内にたまった異常なたんぱく質により神経細胞が破壊され、脳に委縮が起こる
（症状）昔のことはよく覚えているが、最近のことを忘れてしまう。軽度な物忘れから進行し、時間や場所の感覚がなくなっていく

●脳血管性認知症　19．5％
（原因）脳梗塞や脳出血によって、脳細胞に血液が送られず脳細胞が死んでしまうことによる。高血圧や糖尿病などの生活習慣病が主な原因
（症状）脳血管障害が起こるたびに段階的に進行する

●レビー小体型認知症　4．3％
（原因）脳内にたまったレビー小体というたんぱく質により、脳の神経細胞が破壊される
（症状）幻覚、手足の震え、筋肉が固くなるといった症状がみられる。歩幅も小さくなり転倒しやすくなる

●前頭側頭葉型認知症　1．0％
（原因）脳の前頭葉や側頭葉の神経細胞が減少し、脳が委縮する
（症状）感情の抑制がきかない、社会のルールを守れないなど

☆出典：「都市部における認知症有病率と認知症の生活機能障害への対応」（平成25年5月報告）

終末期は寝たきりの状態に

認知症の中等度までは活動的に動きまわり、徘徊や介護拒否などで家族を苦労させてきたケースも、認知症も終末期を迎えると、**記憶障害が重度になるだけでなく、自発的に話したり動いたりすることができなくなります。**身体の関節が徐々に固くなりやがて寝たきりになります。

こうなるまでに、終末期医療行為についてなど、ご本人とご家族で話し合っておくことが大切です。

❷認知症の正しい応対と便利グッズ

認知症への正しい応対とは？

認知症が進行すると、今までできていた身の回りのことが徐々にできなくなったり、家のトイレの場所が分からずあちこちに排せつしてしまったり、また日中だけでなく夜間に一人で家を出て迷子になってしまう、親しい相手や家族のことまで忘れてしまうということが起こりえます。

人によって症状に差があるものの、確実に日常生活に支障がでてくると考えておきましょう。今までしっかりしていた親や夫婦であればあるほど、認知症になった姿を見るのは辛いことです。このような症状が出てきたとき、私たちはどんな対応をすれば良いのでしょうか。

まずは相手の心理症状を理解すること

認知症は、歳を取れば誰にでも起こりうるものであるということ。そして、それが原因で行動・心理症状が発症していることを理解することが大切です。

「今まであんなにしっかりしていたのに」と失望してしまったり、「どうして困らせることばかり言うの？」という、**「攻め心」は、一度捨てましょう。認知症は「病気」であり、ご本人も不安で苦しんでいるのです。**

一番身近な存在である親子や夫婦だからこそお互いぶつかってしまいますが、介護者の疲れによるイライラや怒りは認知症の人にも確実に伝わります。それにより、認知症の人は心の不安から、ますます症状が悪化してしまうことも考えられます。こうした負のスパイラルに陥ると、最悪の場合高齢者虐待などにもつながることから、現状を冷静に理解することが大事です。

介護に必要なことは「暖かい心と冷たい頭」です。

認知症の知識を持つこと

認知症発症者を抱える家族には、長い目で見る根気も必要です。一方で、「認知症の人を安心させる」ことができれば、症状は比較的落ち着いてくることも分かっています。

高齢の親の性格を考慮し、親が送ってきた生活環境等に近い状況を作ってあげることが大切です。また、そうした情報は「家族」だけでなく、できる限り多くの情報を医師や看護師、ケアマネジャー、介護士など、認知症介護のプロに伝えましょう。彼らの専門性をしっかり取り入れたチームとして対応していくことが効果的です。

親の性格や生活環境は皆さんが一番よくわかっていますので、適切なケアのアドバイスをしてもらえるように情報を共有しましょう。そして介護保険サービス、地域のサポートをどんどん活用しましょう。

見守りサービスも有効

認知症の親を抱える家族にとって、親を一人で家に残している時間が長い、親が一人で実家暮らしをしている、認認介護（2章参照）、徘徊でしょっちゅう行方不明になってしまうなど、介護サービスだけではどうしてもカバーできない面があるのが現実です。

そんな時に必要なものの一つの要素が、**介護サービス以外の時間帯でも親を「見守ってくれ**

る機能」です。そうしたサービスは地域のボランティアだけでなく民間サービスも充実しており、例えば、スマートフォンが普及してきたことで最近増えてきたのが、親の行動をメールで知らせてくれるサービスです。**親がベッドから起きたり、電化製品のスイッチを入れたりすると、お知らせメールが入るというものです。**リアルタイムで親の安否確認ができるという点でとても便利です。

一方、こうしたサービスは親の実際の状態を目で確認できるわけではありませんので、スマホから親の様子を確認したいならカメラ付きの見守りサービスもあります。また、無人ではなく人が自宅に訪問してくれるという見守りサービスもあります。

親の症状に合わせ、インターネットなどで予算に合ったサービスを検討しましょう。

〈見守り、安否確認グッズ〉

・電化製品（使用するたびお知らせメールが届く）ポット、冷蔵庫、炊飯器など
・携帯電話による位置情報システム
・見守りカメラ
・生活動線にセンサーを設置（一定時間動きがない場合は、かけつけてもらえる）
・救急通報サービス　※高齢者に携帯してもらうもの（防水型は浴室でも利用可）
・離床センサー　※ベッドや布団に敷くもの（アラームによるお知らせ）

・電話や自宅訪問による定期的な見守り　※各市区町村や民間のサービス
・高齢者向けの宅配弁当（手渡しによるもの）

徘徊対策を考えよう

最近では靴やカバン、洋服など、高齢者が外出時に「本人と行動を共にするモノ」にGPS機能を付ける方法が広まってきました。スマホで、リアルタイムに親の行動を把握できるという点では非常に有効です。

また、親が「家から外に出る」という行為自体を把握するためには、玄関や窓に人へ反応するセンサーを設置して、「親が外出したら知らせがくる」というサービスもあります。

さらに徘徊行為そのものを防ぐためには、玄関や窓への内鍵なども効果があります。これは認知症の方に限らず、高齢になってきたら安否確認という意味でも必要になってきます。「徘徊（外出）場所を知りたいのか」「徘徊そのものを防止したいのか」など目的に応じて検討しましょう。

【徘徊（外出）場所を知りたい（GPS機能が有効）】
・シューズタイプ、スマホ、服やカバンに入れられる小型GPSなど（置き忘れリスクあり）

【徘徊（外出）時に知らせてほしい】

・人感センサー（玄関や窓に近づいたらセンサーが感知、受信機に通知される）など

【徘徊そのものを防止したい】

・内カギ（暗証番号で開けるタイプもあり）

・両面シリンダー（室外、室内側も解錠にカギが必要になる）など

ただし、こうした徘徊対策はご近所への散歩なども制限されることとなるため、運動機能低下やストレスといった二次的問題が発生するリスクがあることも頭に入れておきましょう。

どんどん進化する高齢者の徘徊対策

また、最近では、高齢者の爪にQRコードを貼る、「爪Qシール」もあります。高齢者の爪に貼ってあるQRコードから、「その方の住んでいる市区町村名を読み取る」ことができるサービスです。

もし、徘徊する高齢者が交通機関を利用して遠方に行ってしまった場合、QRコードを読み取ってくれた人から市区町村に連絡してもらえれば、その方の保護にも繋がります。現段階では、個人情報の関係から市区町村名までしか把握できないという現実はあるものの、GPSと

は異なり、置き忘れリスクがないのが安心材料の1つといえるでしょう。

このように、高齢者の徘徊対策は年々進化しています。

❸ 認知症になる前に、希望や人間関係を聞いておこう

「自宅で最期を迎えたい」と答えたのは54.6%、でも実際は？

内閣府の「高齢者の健康に関する意識調査」によると、「治る見込みがない病気になった場合、どこで最期を迎えたいか」という質問を55歳以上の男女にしたところ、「自宅」が54.6%で最も多く、次いで「病院などの医療施設」が27.7%という結果でした。

アンケートからもわかるように、多くの方は「住み慣れた場所で最期を迎えたい」という希望を持っていることは確かです。しかし、筆者が介護現場に携わってきて感じることは、「最期を迎えたい場所は状況によって変わっていく」ということです。

また、この調査の特色としては、55歳以上という、まだ介護を受ける側ではない世代が入っていることです。

実際に介護を受ける段階になると、高齢者の中には「家族の負担になりたくない」と考え、「介護施設や病院で最期を」と希望を変える方も少なくありません。調査対象を「実際に介護

を受けている高齢者だけ」に限定した場合、異なる結果になった可能性があります。

親が高齢になったら、希望の介護について聞く必要がある

「まだ親が元気だから大丈夫」と思わず、早いうちから、認知症を発症する前に希望する介護の方法や最期を迎える場所を確認しておきましょう。

一方で、親が後期高齢者になってから、実際に介護が始まってから改めて希望する介護はどんな介護かを聞いてみる必要があります。

介護には、自立支援やその人らしい生き方の支援、そして家族介護者の支援という側面があります。**ヒアリングの結果、もし親が「介護施設で最期を」というのであればそれを尊重しましょう。**それは介護放棄でもなんでもなく、その人の希望を叶えた立派な行為といえます。高齢者本人の気持ちがわかったら、今度はそれを踏まえて「家族がどうしたいか」を話し合いましょう。家族介護をする方にお伝えしたいのですが、**介護はくれぐれも「自分たちに負担の少ない方法」を検討・選択するべきです。**

また、「介護を理由とする離職」はお勧めできません。収入面のマイナスはもちろん、自宅に引きこもって介護することによりストレスで高齢者虐待に発展する可能性があります。

また、公益財団法人生命保険文化センター「生命保険に関する全国実態調査」によると、介護の平均年数は5年前後とされています。この5年という時間は、実際は「短くてとても長

い」期間です。

在宅介護を続けるにしても、施設に預けるにしても、いずれにしても、「プロの力を最大限に活用できる介護」を意識してもらえればと思います。

☆出典：内閣府「平成25年版　高齢社会白書　最期を迎えたい場所は『自宅』が半数を超える」

☆出典：公益財団法人生命保険文化センター「介護にはどれくらいの年数・費用がかかる？」

親の生活パターンや交友関係を知ろう

親の暮らしについて。別居してしまうと、知らないこともたくさんでてきます。若い頃はよく友人と飲みに行ったり遅くまで起きていた方でも、高齢になると驚くほど早く就寝していたり、食事の好みも変わっていたりします。

今現在の食生活や生活パターンはどうなっているのか、通院先や行動範囲など聞いておくことで、自然と交友関係も分かってきます。「遠くの親戚よりも近くの他人」とはよく言ったもので、親と別居し独立している方が多い中、親に何かあった場合、一番に駆け付けられる人はやはりご近所さんです。

親にどんな交友関係があるのか、具体的にはご近所で頼れる人は誰か、一番一緒にいる時間が長い人は誰か、親がよく出入りする場所はどこなのか等、親が認知症になる前に聞いておきましょう。

家族が全て親のフォローができるわけではありません。親の近くにいる人は重要なキーマンです。介護サービスをしっかり使いながらも、ご近所のネットワークについてもしっかり把握しておきましょう。

やはりお金が一番心配という声

親の年金は毎月いくらなのか、預貯金はあるのかなど、一番親に聞きたいけれど聞きづらいのがお金のことです。しかし、介護の有無にかかわらず、お互いに家族としてある程度のことは知っておくべきです。てっきり**親が年金をもらっていると思っていたのに、実は国民年金保険料を滞納していた期間があり、通算10年に満たなかったため年金をもらっていなかった**ということもあります。

また、最近増えているのは、定年を過ぎても住宅ローンを完済できていないケースです。ローンなどの負債があることを、なかなか子に打ち明けられず、実は生活に困窮していたというパターンもよくあります。

こうした金銭的な問題も含め、何事も早期に取り組んだ方が選択肢も多いものです。この機会に家族で将来の親の介護について話し合うことをお勧めします。

❹ 自覚がないものも「高齢者虐待」に該当する

虐待をしている認識がない人が5割以上の現実

厚生労働省が、家族間の虐待被害者・加害者双方に意識調査をした結果があります。それによると、被害者となった高齢者の約3割は虐待をされている自覚がなく、加害者の家族の約5割以上が「虐待を行っている認識がない」と回答しました。

具体的には、高齢者の服が汚れていたりお風呂に入っている様子がなかったり、もっと顕著なケースでは家から怒鳴り声が聞こえたり大きな物音がするなどです。東京都の調査では、虐待被害者の高齢者の約7割は、なんらかの認知症状があるとも指摘されています。

また、虐待当事者の環境についても触れていて、都市部では近所付き合いが少ないために、介護者が孤立し問題を抱え込んでしまうとともに、その孤立がより虐待の早期発見を難しくしてしまっているとも述べています。

実際に、虐待当事者の傾向として、他の家族や親戚等が介護への関心が低いこと、高齢者のニーズに合致したケアマネジメントが提供されていないこと等もあるようです。

（高齢者虐待の種類）

・身体的虐待　　　　：殴る、蹴るなどの暴力。痛みを与える行為など
・心理的虐待　　　　：脅しや侮辱などによって精神的苦痛を与える高齢者を無視するなど
・性的虐待　　　　　：本人が同意していない性的行為やその強要
・経済的虐待　　　　：高齢者の預金を勝手に使ってしまう、本人の利用を理由なく制限するなど
・介護・世話の放棄：必要な介護サービスの利用をさせない、劣悪な環境で放置する等により身体的・精神的状態を悪化させるなど

施設での虐待も増加傾向

厚生労働省の「令和元年度高齢者虐待の防止、高齢者の養護者に対する支援などに関する法律に基づく対応状況などに関する調査結果」によると、施設のヘルパーによる虐待は、644件で過去最高となりました。

また、施設における虐待では、「特別養護老人ホーム（介護老人福祉施設）」が190件（29.5％）と一番多く、次が有料老人ホーム、認知症高齢者グループホーム、介護老人保健施設の順となっています。虐待の内容としては、身体的虐待が6割を超えて最も多く、次いで心理的虐待、ネグレクト（介護放棄）の順番でした。

そして、認知症と虐待との関係においては、認知症の症状が重度の方であるほど、身体的虐待を受けやすいという傾向がありました。一方で、心理的虐待については、認知症の程度が軽い方が重度の方よりも受けていることがわかりました。

☆出典：厚生労働省「『高齢者虐待の防止、高齢者の養護者に対する支援等に関する法律』に基づく対応状況等に関する調査結果」（令和元年）

〈介護施設での虐待とは？〉

・叩いたりつねったりする行為
・怒鳴ったり乱暴な扱いをする
・ベルトや柵、ひも等による行動制限
・介護衣（つなぎ服）やミトン型手袋の使用など

高齢者虐待を起こさないために

高齢者虐待を起こさないためにはどうしたら良いのでしょうか？　一言で高齢者虐待といっても、虐待かどうか判断に迷う状態のものから、放置すると深刻化するため専門職による介入が必要なものまで様々です。

もしご自身が「このままでは虐待になってしまう」あるいは「虐待をしている」と認識して

いる場合は、**勇気を出して「SOS」を出すことです。**相談・通報先は、市区町村や地域包括支援センターです。事態の深刻化を防ぐことができます。

親を虐待してしまう大きな要因としては、相談相手がいない、家族間で介護の分担をしてくれる人がいないなどの孤立や介護の知識不足があります。また、子供の中には、いつまでも「理想のお父さん・お母さん像」があります。しかし、親が認知症を発症しているケースなどは「理想とは程遠い、あなたのことすら認識できない人」が目の前にいます。上手くコミュニケーションがとれないもどかしさや苛立ちから虐待へとエスカレートしてしまうこともあるのです。

そのため、**介護は一人で抱え込んではいけないのです。**悩んだら、市区町村や地域包括支援センター、ケアマネジャーなどの専門家に相談しましょう。

市区町村は、養護者（介護者）による高齢者虐待の防止を目的に、相談・指導を行うとともに養護者（介護者）の負担を軽減するための措置、虐待の解消を高齢者が安心して生活できるよう助言やサポートをしてくれます。

彼らはプロとして、家族介護者の救済をしてくれる存在なのです。あなたに合った介護のやり方（ケアプラン）はもちろん、現状に適した介護サービスを紹介してくれます。

介護は一人で行うものではなく、プロの力を借り、そして家族皆で、つまり「ONE TE

AM（一つのチーム）」で行うものです。

一部ではあるが、事業者の虐待から親を守るために

誤解のないよう申し上げますが、大半の施設では虐待はありません。ほとんどの介護施設の職員は日々一生懸命に介護サービスを提供してくれていますが、ほんの一部、そうした施設が存在するのみです。

先の厚生労働省の調査では通報者の統計もでています。相談・通報者2642人のうち、「当該施設職員」が628人（23．8％）で最も多く、次いで「家族・親族」が499人（18．9％）というものです。このように、虐待通報者の中で2番目に多いのは、「家族・親族」なのです。

つまり、**「あなたが施設に足を運ぶこと」ことは、虐待の早期発見とその抑止力になります。**そして「親の話を聞き、様子を見る」ことで、親のちょっとした変化にも気付けます。また、普段から施設との信頼関係を構築していくことも大切です。

施設の職員、在宅介護の場合は、ケアマネジャーやヘルパーとは情報交換を密にし、疑問に思ったことは気軽に聞けるような関係を作っていきましょう。

❺介護サービスの提供を拒否されたら

親に合う介護サービスは、1回で見つからないこともある

介護サービスを開始する際、皆さんは担当のケアマネジャーからいくつかの介護サービス事業者を紹介してもらうことから始まります。

介護保険制度の大原則は、自己選択ではありますが、実際にはケアマネジャーの紹介する介護サービスや事業者の中から選択していることがほとんどです。ケアマネジャーはケアプランを立てるプロであり、豊富な知識を持っていること、なにより地域の情報が集まっているという点では、素人である高齢者やその家族と比べて事業者探しにおいても適任だと言えます。

しかし、ケアマネジャーがいくら適切な事業者を紹介したとしても、事業者やヘルパー、本人や家族の相性が悪いケースもあります。そんなときは遠慮なくケアマネジャーに相談しましょう。

「一度契約をしてしまったから」と言って、ガマンを続けながら相性の悪い介護サービス事業者を利用することで、結果的には「もうデイサービスには行きたくない」と、親が介護拒否をするようになってしまうケースもあります。

「事業者を変えたい」「親を別の施設やデイサービスに通わせたい」「事前に説明されたこと

と実態が違う」等、不安や疑問に思ったときはケアマネジャーに相談しましょう。

介護サービス提供を拒否されるケースとは？

一方で、利用者側ではなく介護サービス事業者の方から、介護サービスを拒否される場合があります。それはどんなケースなのでしょうか。

例えば、親が認知症を発症している場合など、大規模な施設やデイサービス等の人の多さに落ち着きをなくしてしまい、利用時間中にもかかわらず「帰る」と言い出してしまうケースです。もちろん、これは少人数のデイサービスでも起こりえます。

一度や二度なら、職員がつきっきりで個別対応をしたり、場合によっては早めに自宅へ送ってあげることもできるでしょう。しかし、訪問介護（ヘルパー）のような個別対応と違い、デイサービスのような通所型では、一定の集団行動を求められます。そのため、集団行動が難しい場合は「サービスの利用を断られる」場合があるのです。

また、論外ではありますが、利用者側が悪意を持ってヘルパーに痴漢行為をしたり、業務の妨げになるような行為をする場合においても事業者から介護サービス拒否をされることがあります。

環境を変えれば、介護サービスにつながるケースも

親がデイサービスに行くと不穏になり暴れてしまう、帰宅願望が強く困っているというケースも珍しくはありません。仕事と介護を両立するご家族にとって、介護サービスの利用を断られてしまうことは介護離職につながりかねない切実な問題です。

そんな時は、個別対応をしてくれる訪問介護（ヘルパー）を利用してみるのも良いでしょう。

また、介護拒否を示すのは、家族以外の人や自宅以外の環境に慣れないだけかもしれません。

家族以外の人に慣れてきたら、次は地元に根差した地域密着型の小規模な介護事業者を選ぶという方法もあります。

筆者は定員10名前後のデイサービスを経営していますが、定員の多いデイサービスでは問題行動を起こして利用を断られた方も、少人数でお互いの顔を覚えることができるためか、落ち着きを取り戻し皆さんと楽しく過ごしているケースをたくさん経験しています。

環境が変われば、介護サービスにつながるケースはたくさんあります。ケアマネジャーと相談しながら、切れ目なく介護サービスを利用していきましょう。

❻介護者の3人に1人が男性、介護者支援と集いについて

男性介護者の割合が増加、ここ十数年で34％へ

厚生労働省が平成28年に発表した「国民生活基礎調査」によると、介護をする人の男女比率は、男性が34％で、女性が66％という結果でした。同省は、平成12年に「介護サービス世帯調査の概況」という資料も出しましたが、それによると、男性介護者の割合は19．5％でした。つまり、**ここ十数年で男性介護者の割合が約15％程度も増えた**ことになります。

「介護は女性がするもの」という偏った意識がまだ残っている中、この平成28年の調査は意外なものに映ったかもしれません。さらに注目されるべきこととしては、男性介護者の年代についてです。男性介護者の年代別の内訳では、最も多いのは60歳代で28．5％、そして次いで多いのは、なんと80歳代以上で24．7％という結果でした。

なぜここに注目すべきかというと、女性介護者の場合、80歳代以上の割合は11．7％しかありません。この割合は女性の他の世代、50歳代21．1％、60歳代33．1％、70歳代25．1％に比べて、40歳代以下の8．8％を除けば、圧倒的に少ない割合といえます。

このように、男性介護者の特徴の一つとして、高年齢者が介護者になっている、つまり、「老老介護」であることが容易に想像できます。

孤立しがちな男性介護者

老老介護者の男性介護者の傾向の一つとしてよく言われるのは、「男性は現役時代、家庭を顧みずに仕事に没頭していた負い目から、妻の介護に責任を持ちすぎる傾向がある」ということです。また、男性の特性として、完璧主義を目指してしまう、ということもよく指摘されます。

この「責任感」や「完璧主義」が、男性介護者をどんどん追い込んでいくことになります。男性介護者は「家族介護を仕事」と捉えがちであり、真剣に考え過ぎる傾向があるようです。しかし、家族介護には、車のハンドルでいう「あそび」の要素もなければ、行き詰まってしまいます。介護のプロではない家族が、介護を完璧にこなすことは不可能です。筆者も介護ヘルパー経験を有していますが、「常に完璧なケアをしてきた」と自信をもって言えるかというと、そうではありません。プロですらそれが現状なのです。

また、高齢の男性介護者は、今まで家事を行ってきた経験が少ない方がほとんどであり、その点からも家事も介護も完璧にこなすということは非現実的でしょう。さらに、高齢男性介護者はご近所づきあいも少なかった方が多く、女性介護者に比べて孤立しやすい状況にあるのです。

様々なマイナス要因から、結果として行き詰まってしまい、最悪の場合は虐待に至ってしまうこともあります。令和元年の厚生労働省の「高齢者虐待の防止、高齢者の養護者に対する支援等に関する法律に基づく対応状況等に関する調査結果」によると、**家族介護者で虐待をした人の6割以上は男性**という結果からも、ケアマネジャーや地域包括支援センターなどから、より手厚いサポートをしてもらう必要があると言えます。

地域の介護者の集いに参加しよう

ところで、皆さんがお住まいの地域にも「介護者の集い」があります。そこには、多くの介護に悩む方々や介護の専門職が集います。お互いの気持ちを打ち明けたり、情報交換をすることで多くの方が介護の孤独から救われています。

有名な「認知症家族会」を筆頭に、地域によっては「男性介護者の会」のような集いもあります。そこでは、介護状態だったパートナーを天に見送った「介護の先輩」がいたり、ケアマネジャーや介護福祉士等の「介護のプロ」がいます。きっと適切なアドバイスをもらえるはずです。

あまり真面目に考えず、まずは気軽に足を運んでみましょう。市区町村の福祉コーナーや地域包括支援センターなどに、介護者の集いに関する情報がありますので問い合わせてみて下さい。

介護は、いかに孤立しない環境をつくるかが大切です。

☆出典：内閣府「令和元年版　高齢社会白書―2健康・福祉」（平成28年）
☆出典：男性介護研究会「男性介護者全国調査報告」（平成12年）

❼みんなどうしてる？　遠距離介護にかかる費用と時間

他人事ではない遠距離介護、ますます増加傾向にある

厚生労働省の平成28年に「国民生活基礎調査の概況」という資料を出しています。そこで介護者の属性、つまり「誰が介護をしているか」についての記載がありました。

それによると、介護をしている人の割合別に、同居の家族等が58.7%、事業者が13%、別居の家族等が12.2%という結果でした。まだまだ同居家族による介護が多い一方で、事業者による介護は13%しかなく、やはりもっと介護のプロの力を借りるべきといえます。

そして、もう一つの注目したいのが、別居の家族等による介護が12.2%あるという事実です。決して多すぎるとは言えない数字ですが、今後、確実に増えてくるでしょう。また、「令和2年版　高齢社会白書」によると、65歳以上のいる世帯は全世帯の約半分に達しており、そのうちの約3割が高齢夫婦のみ世帯、高齢者単独世帯も約3割となり、合わせると約**6割の世帯は「高齢者のみしかいない世帯」**ということになります。

これは昭和55年、当時の厚労省が出している世帯構造の調査では「3世代世帯が全体の約半数」と示していたことから、まさに状況が一変したといえます。親と別居する人の割合はどんどん増えています。

そんな中、全国の20代～50代までの働く男女4120人を対象にWeb調査を行った結果があります。その中で、親の居住地までの距離を起点に、1時間程度以内を「近距離」、1時間超～2時間を「中距離」、2時間超を「遠距離」としたアンケートでは、「遠距離」と回答した人は、約3割という数字となりました。この数字が国民すべてに当てはまるわけではありませんが、現役世代介護者の約3割が、実際の介護時間とは別に移動時間で往復4時間以上をかけている可能性があるのです。

もし、突然親が倒れたら、短期的には休暇をとって入退院に付き添うことはできても、定期的な介護をするのは現実的ではありません。いつまでも親が元気でいてくれるとは限りません。遠距離介護は他人事ではないと心得ましょう。

★参考：一般社団法人シルバーサービス振興会「仕事と介護の両立、遠距離介護に関する追加調査」（平成26年）

遠距離介護の費用と時間

遠距離介護の費用や時間について、公益財団法人生命保険文化センターの「平成30年度　生命保険に関する全国実態調査」によると、平均介護費用は「月額7．8万円」であり、平均介護期間は「4年7か月」という結果でした。

遠距離介護の場合、この平均介護費用に加えて最低でも交通費と通信費がかかってくると考えましょう。通信費については後述しますが、**定期的にかかる交通費については可能な限り「割引サービス」を利用しましょう**。飛行機や新幹線など各交通機関に割引がありますので利用の際は必ずチェックしましょう。

（例）

・日本航空（JAL）の「介護帰省割引」

・全日本空輸（ANA）の「介護割引」　※割引率は時期や路線によるものの3割程度の割引あり

・LCC格安航空会社：介護割引は無いですが基本的な運賃が安いので他社と比較してみましょう

そのほかにも、同じ路線の公示運賃が他社よりも高い場合、差額相当分を割引する最低価格保証をする航空会社や、Webから申し込むと割引にする会社、期間限定の格安キャンペーンをする会社もあるようです。ぜひ各航空会社を調べてみてください。

また、新幹線を利用するならJR東日本の「えきねっと」、JR東海・西日本の「エクスプレス予約」、JR西日本・四国・九州の「e5489」等もあります。

また、JRでは往復利用の場合、片道601キロ以上ならば、行きも帰りも運賃がそれぞれ1割引となりますので、ネットからの購入が難しい方は、駅の「みどりの窓口」などを利用して購入すると良いでしょう。

平均介護期間を5年とすると、遠距離介護にかかる交通費も大きな負担です。急ぎでない帰省は、割引適用の少ないハイシーズンを避けるなど工夫をしながら節約していきましょう。

❽インターネットが遠距離介護を可能にする

親との通信手段は、いまだに「固定電話」だけ？

皆さんは普段からインターネットを使い、メールやライン、Facebookのメッセンジャーなど様々なツールで他者と交流していることと思います。それによりテレワークが可能になったり、いまやオンライン会議も珍しくなくなりました。

一方、親の通信手段はどうしょう。もしかすると、いまだに親との通信手段は「固定電話」だけということはないでしょうか。まだ実家にインターネット回線を引いていなければ、できる限り早く回線を引くことをお勧めします。介護で「見守り」の果たす役割はとても大きいです。

コロナ禍に限らず、人が自由に移動できない時はITを技術を使い、センサーによる体温の感知や映像を確認できるサービスなどを利用しましょう。まだ介護が必要ない場合であっても、高齢の親が独り暮らしをされているのであれば、万一に備えてあらゆる通信手段を確保しておくと安心です。

遠距離介護にはインターネットの力を利用しよう

遠距離介護を続けるには、地域やご近所の力を借りるだけでなく、やはり家族の力が必要です。実家にインターネット回線が開通したら、遠隔操作での見守りが可能になります。

例えば、スマートリモコンを活用することで、あなたのスマホから実家のテレビ・エアコン・照明等の家電のオン・オフ等の他、スマートロックによる玄関ドアの施錠が可能となります。

スマートリモコンとは、赤外線通信のリモコンに対応している家電であれば、遠隔操作や声による操作を可能にするものです。スマートリモコンは、家電量販店等で数千円程度から販売しています。遠距離介護においては、ぜひ用意しておきたい一つです。スマートリモコンで実家の家電が遠隔操作できれば、電気やテレビの消し忘れ防止、暑い寒いの室温の温度調整等が可能となります。これに対応している家電であれば、自動で初期設定を行ってくれますのでとても便利です。

また、スマートスピーカー対応のスマートリモコンを選ぶことも有効です。これは、スマートスピーカーで音声を拾い、スマートリモコンに繋がり、電化製品のオン・オフを行ってくれます。

例えば寒い日に「エアコンつけて」とあなたの親が言えばエアコンがオンになる、というイメージです。日常生活を見守る大切な手段のため、インターネット回線は速度があり安定性がある光回線を引くことが望ましいでしょう。月額でおよそ5000円程度の負担にはなりますが、遠距離介護の往復交通費と親の安全を考えれば決して高くはありません。

また、マクロ機能付きも便利です。これは、より詳細な家電製品への指示が可能となります。例えば「室温が29℃になったら冷房をつける」等の細かい条件設定ができます。また、照明とテレビ、エアコン等の家電を一括でスイッチオン・オフをすることも可能とする機能です。

そんな便利なスマートリモコンですが、気を付けるべき点もあります。それは、別の部屋では機能しないため、各部屋分だけ購入する必要があります。そして、もちろん、実家にある家電全てに対応しているわけではない場合もあります。また、常に電源に繋いでおかなくてはならないため、電源がない部屋では使用できませんので、ご注意ください。

据え置きカメラで親を見守る

親を視覚的に見守りたい場合には、見守りカメラの設置も有効です。親の様子が24時間スマホで確認できる機能があると子どもとしては安心です。何時に起きて、何時に食事をし、何時に排泄をし、何時に寝ているか等、しっかりと視覚的に把握できます。遠距離に住む子としては心強いアイテムの一つといえます。

視覚的に把握できることで、実はオレオレ詐欺防止、訪問販売詐欺の撃退等、親を犯罪から守ることにも繋がります。ただし、これは親側からすれば「いつも監視されている」というふうにも受け取られることもあります。親と不穏な雰囲気にならないよう、強制的に置くのではなく、「なぜカメラが必要なのか」の理由をちゃんと伝えて、しっかり納得してもらうことが大切です。

もし納得してもらえないようであれば、そこは焦らずに別のサービスの導入を検討しましょう。前述した、認知症の親が外出した場合のセンサー設置のほかにも、**センサーで居室内の親の動きを全て感知し、活動量として記録し、子に知らせるサービスや、逆に動きがなければ、異常を知らせるサービス**、双方向のテレビ電話活用、犯罪対策ならば録画つきインターホン等があります。

その他、どうしてもインターネットを引けない場合には、コンセント1つで見守りができるカメラもあるようです。これを機に、自分たちに合った見守りサービスを調べてみましょう。親の気持ちも汲みながらも、ITをフルに活用しましょう。

❾万一に備えておきたい、自宅の災害対策とは

まずは災害時ハザードマップの確認を

高齢の親が遠方に住んでいる場合、もし遠くで災害がおきたら非常に心配です。

ハザードマップとは、一般的に「災害による被害の軽減や防災対策のために、危険な所や避難場所を示した地図」です。親の住んでいる地域は、津波や洪水等の水害危険地域か、土砂災害警戒区域か、液状化危険地域か、などが分かります。市区町村やインターネットでも入手できるので、事前に把握しておきましょう。

災害時、親の避難所はどこなのかもチェックし、危険を避けるにどのルートがよいかなどについても、普段から親子で確認をしておきましょう。「もしもの時は●●小学校へ逃げる、●●へ連絡する」と書いた大きな紙を貼っておくのもおすすめです。

災害時緊急連絡カードと備蓄品の用意を

親に持病がある場合は、救護活動や安否確認や避難所での情報伝達などに役立つ「災害時緊急連絡カード」をいつも持たせておくとよいでしょう。**カードは、市区町村の窓口やHPからダウンロードできるところもあります。**カードには、名前や住所、血液型、年齢、緊急連絡先、自分の身体状況や持病、介護状態等の基本的な情報などを書きます。

その他、必要と思われる情報を書いておくと、ケガをした時や話をすることができない状態の時に助かります。これ以外にも書いておきたい**有用な情報としては、かかりつけ病院や主治医、服用薬、必要な補装具・医療器材、特殊医薬品等の入手先、必要な介助や医療ケア、アレルギー、**障害手帳種類・番号、保険証番号、担当ケアマネジャーなどです。

そして最後に「災害時にこのカードに記載する私の情報を、他の人に提供することに同意します」という同意文をつけておくとなお良いでしょう。

備蓄品については、3日分の水や食料備蓄はもちろんですが、高齢者の場合は「とろみ剤」も有効です。避難所での食事の場合、常食を食べるのが大変な高齢者も少なくないでしょう。その際に**役立つのはとろみ剤等の嚥下を補助するものです。また、紙おむつも重要です。**普段はおむつ着用者でなくても、避難所トイレは屋外にある場合も多いので「間に合わない」ことも十分に考えられます。

在宅なら災害時要援護者登録を

実家の親が独居世帯、あるいは老老夫婦世帯の場合、災害時要援護者登録をおすすめします。災害時、皆さんが同居していない場合は、ご近所さんの力を借りて、親を救ってもらわねばなりません。そのためにも、「どこに災害弱者がいるか」ということを、まわりに知らせておくことは重要です。

登録申込み方法は、お住いの市区町村などへお問い合わせください。また、登録対象者となるには要件がありますので合わせてご確認ください。登録後すると町内会等の地域団体の人が事前に避難の方法等についての話をするために訪問してくれます。安否確認をいち早くしてもらうためにも、親の情報をご近所や民生委員、自治会、消防団等、いわば「地域を支えるインフラ」とも言えるこうした方々に前もって把握してもらうのは心強いことです。

災害時の重要連絡手段の一つは公衆電話

「災害時、携帯電話は使えない」「前述のインターネット回線により使える便利機能もすべて麻痺する」と想定しておきましょう。その場合の連絡手段として、普段からテレホンカードと10円玉を持たせておくことも対策の一つです。実際に「テレホンカードがあったから、公衆電話で家族といち早く連絡が取れた」という災害時の声は、多く聞かれます。

ただし、災害時に**停電した場合は、テレホンカードは使えません。その時には、10円硬貨が力を発揮する**のです。

また、災害時は無料化される場合もあります。その際は、デジタル公衆電話（グレーの公衆電話）は受話器を取ってそのままダイヤルします。一方、アナログ公衆電話（グリーンの公衆電話）は、受話器を取り、いったんテレホンカードか硬貨を入れてからダイヤルしますが、通話後に戻ってくる仕組みです。

現代において、公衆電話を見る機会が少なくなり、同時に使うこともないと思いますので、この機会に親子で試してみてください。

災害時伝言ダイヤル171

これもまた、携帯電話が不通の際は有効な手段です。連絡を取りたい電話番号宛に、現在地や安否状況を伝言として記録しておける機能です。

被災者が171をダイヤルし、自宅の電話番号などをキーにして伝言を入れます。そして、被災地にいない家族等も171にダイヤルし、さらにそのキーにされた電話番号をダイヤルすると伝言を聞くことができます。毎月体験的に利用ができます。1日と15日の月2回利用可能ですので、親と一緒に練習してみるのもよいでしょう。

常備していきたい非常用アイテム

万一の時、すぐにかけつけてあげられない分、対策を万全に行いましょう。

（自宅に常備しておきたいもの）

・一人1日3リットルの飲料水
・3日分の常食
・使い捨てカイロ
・携帯トイレ
・紙おむつ
・懐中電灯
・ホイッスル
・スリッパや厚底靴
・生活用の水
・携帯ラジオ
・蓄電池など

（避難所に持っていきたいもの）

・洗面用具
・常備薬
・防寒着
・下着
・おくすり手帳
・タオル類
・眼鏡
・杖
・紙おむつ
・健康保険証
・現金（公衆電話や自動販売機を使う際の小銭も）
・携帯電話と充電器
・筆記用具など

⑩地域の見守り機能を最大限に活用する

地域の見守り、話し相手、ゴミ出しボランティアを活用しよう

お住いの市区町村では、介護サービスの提供だけでなくボランティアや民生委員、地域の事業者などを巻き込み、「地域ぐるみの見守り」体制を整えてくれています。「高齢になった親が心配」あるいは「遠方に住んでいてなかなか会いにいけない」という場合は、市区町村や地域包括支援センターへ問い合わせましょう。

また、地域で行うボランティア以外にも地域情報誌などにも目を向けてみてください。地域によっては、**一人暮らしや老々夫婦世帯の高齢者見守りボランティア**を行っているグループもあります。ボランティアの内容や提供方法は、各市区町村や各市民グループによってそれぞれですが、具体的には定期的に高齢者宅を訪問し、安否確認などを行ってくれます。直接、家の中に入って行うものもありますが、家には入らずに玄関先から声をかけたり、家の外から郵便物や新聞が溜まっていないか確認したり等をしてくれます。

また、場所によっては高齢者宅の見守りや声かけのみならず、力仕事であるゴミ出しを行ってくれたり、豪雪地帯であれば雪掻きをしてくれたりするボランティアもいます。ボランティアの内容にも地域性があるようです。

高齢者を孤立させない取組み

見守りだけでなく、**地域によっては「話し相手」をしてくれるボランティア**もあります。高齢者は身体機能が衰えていくことで、外出の機会が減り、人との交流がなくなっていき、孤立しがちです。また、本人の心身の活力がより低下することに伴い、生活も不規則になります。不規則な生活は、認知症を発症しやすくするだけでなく、発症者についてはその進行の速度をより早めてしまいます。逆に言えば、**認知症は規則正しい生活を送ることで、進行を遅くすることができる**と言われています。

人との関わり合いがあるからこそ、「しっかりしなくちゃ」と思えます。人と会うからこそ、身支度を整え、笑顔を作り、身体機能をフルに活用しようとします。家事ひとつ例に取っても、「人を家に呼べるくらい、最低限の掃除はしよう」とか、料理や洗濯を行うだけで体力低下を防止し、手足のリハビリにもなります。また、段取りを自分の頭で考えることで、認知症対策にも有効です。

人と関わることは、高齢者を孤立させないだけでなくこれだけの大きなメリットがあります。

地域との定期的な交流が、高齢者を犯罪から守る

また、話し相手ボランティアの活用をはじめ、人との関わり合いが増えると**犯罪被害者になる危険性を低くすることにつながります**。

犯罪者は、一人暮らし高齢者を狙って電話をし、言葉巧みに高齢者の危機感を煽り、不安に陥らせキャッシュカードや預金通帳等からお金を奪っていきます。もし、普段から話し相手になる第3者がいれば、高齢者本人も相談することにより冷静になることができるでしょう。こうした犯罪に巻き込まれ、長年一生懸命貯めてきた親の財産を奪い去られないよう、日頃から人との接点を作り**「高齢者本人だけでなく、外部の人がいる」という状況を作りましょう。**犯罪者も、定期的な交流がある高齢者には容易に近づくことはできません。犯罪そのものの抑止効果も期待できます。

親のご近所さんと仲良くしておく

「認知症になる前に、親の人間関係を聞いておく」と前述しましたが、できることなら**「あなた自身が親のご近所さんと仲良く」**なっておくことが望ましいでしょう。人付き合いが面倒と思われる方もいるかもしれませんが、親の異変にいち早く気付けるのは、あなたではなく、ご近所さんです。

もし親が認知症になり重症化したら、親とあなたの日常生活を多くの方に支えてもらわなくてはなりません。とはいえ、それほど重く考えずに「親の所に行ったら、ご近所さんにも挨拶する」「親との付き合いに感謝を伝える」など、折に触れて顔を出す程度でもご近所さんとの人間関係はできてきます。

その中でも、より親しくして下さるご近所さんとは**携帯番号を交換**しておきましょう。こうしたことで、ご近所さんも気にかけてくれるようになりますし、あなたにいち早く異常を知らせてくれるようになります。**犯罪抑止力には、まさに「ご近所の底力」**が必要です。

⓫ 終末期の準備について

希望する終末期の過ごし方、医療処置について「書面化」しておこう

終末期をどう過ごすかについて、どこの家族も考えさせられるものがあります。厚生労働省「平成29年度　人生の最終段階における医療に関する意識調査報告書」によると、人生の最終**段階の医療について考えたことがある人の割合は59．3％。さらに、家族等と話し合いをしている人の割合は39．5％、全く話し合ったことがない人の割合は55．1％でした。**平成25年度の前回調査では、前者が42．4％、後者が55．9％でした。

いずれの調査においても、全く話し合ったことがない人が6割近く存在することは、重い事実といえます。近年では、「事前に家族で話し合ってから、医療・介護関係者に相談し、終末期の過ごし方を決めていく家族も増えている」という類の報道が増えている中、残念で意外な結果となりました。

また、同報告書の中では、66％の人が「終末期の意思表示の書面をあらかじめ作成しておく」という考え方に賛成しています。しかし、実際に終末期の書面化をした人は、8．1％にとどまっており、91．3％の人は書面化していないと回答しています。

このように、書面化がまだまだ進んでいない現状があります。この結果は、**「自分の意識がしっかりしているうちに、子どもに意思を伝えておきたい」と考える人が7割近くいるにもかかわらず、ほとんどの人は書面化までは至っていない**ということになります。

終末期について、しっかり話そう

また、平成25年度では「希望する・希望しない医療処置」についても調査結果があります。前提として「末期がんで、食事や呼吸が不自由であるが、痛みはなく、意識や判断力は健康なときと同様の場合」において、「口から水が飲めなくなった場合」の点滴は61．1％が希望する一方で、経鼻栄養は63．4％、人工呼吸器は67．0％、胃ろうは71．9％が希望しないと回答しています。

つまり、**同じ末期がんの状態でも、望む医療処置と望まない医療処置があることが分かります。また、介護状態の進行によりその「希望は変化」します。**節目節目で、家族間で「最期の在り方」についてコミュニケーションをはかりましょう。大切なことは、「納得のいく最期」は自分たちが決める、ということです。

生命の選択が迫られるとしたら、どの家族も悩まされることと思います。いずれにしても、延命治療については「する方が良い」「しない方が良い」という正解はありません。認知症になる前に、親の希望をしっかり聞いておくことがベストです。

医療・介護関係者とのコミュニケーションを大切に

ACP（アドバンス・ケア・プランニング）という手法があります。これは、終末期医療（回復が望めない患者に延命治療を行わず、**その人らしい最期を迎える治療）をはじめ、今後の医療について患者・家族と医療関係者が話し合いを行う、自発的なプロセスのことです。**

患者の意思を確認しながら、話し合いが持たれて記録が残されます。そして、その記録は定期的に話し合いが行われるなかで、見直されていきます。高齢者本人に関わる全ての関係者にその情報が共有されることで、本人にとってベストな最期を皆でサポートすることができます。

短期間でどんどん状態が変化していく終末期において、チームケアの意識が高まる効果的ツールです。ぜひ覚えておいてください。

☆出典：厚生労働省「意識調査結果（資料5修正版）資料2－1」（平成29年）

⓬死亡後の手続きをチェックしよう

親が旅立ったあと、たくさんの手続きが待っている

医療・介護の手をつくしても、親が入院先で亡くなってしまったときのことを考えておきましょう。

亡くなると、病院の医師から死亡診断書を渡されます。そして、**病院では長くご遺体を長く安置することはできないので、できるだけ早く搬送することが求められます。**葬儀社が決まっていないご家族は、そこから短時間のうちに葬儀社を選ばなくてはなりません。

その後、親族へ訃報を伝えます。また、自宅や介護施設で看取った場合も、医師の死亡確認後に死亡診断書が出されます。その後、ご遺体の搬送先と葬儀社の手配を行います。

（死亡後の手続き一覧）

手続き	窓口
死亡診断書	病院
死亡届（7日以内）	市区町村
火葬許可証（7日以内）	
国民健康保険資格喪失手続き（14日以内）	
介護保険資格喪失手続き（14日以内）	
住民票抹消手続き（14日以内）	
埋葬費・家族葬祭費請求手続き（葬儀から2年以内）	
年金受給停止手続き（社会保険なら10日以内）	年金事務所
遺族年金請求手続き（5年以内）	
国民年金の死亡一時金請求手続き（2年以内）	市区町村や年金事務所など
埋葬料請求手続き（2年以内）	加入している健康保険組合など
高額医療費の還付請求手続き（2年以内）	
所得税準確定申告（4か月以内）	お住いの税務署
相続税の申告・納税手続き（10カ月以内）	
遺言書の検認・開封（速やかに）	
相続放棄等の申し立て（3か月以内）	
預金払い戻し・名義変更	金融機関
株式名義変更	証券会社
自動車の名義変更・廃車など	陸運局
生命保険請求手続き（3年以内）	生命保険会社
運転免許証の返納	警察署など
パスポート失効手続き	パスポートセンター
固定電話や携帯電話の解約 ※基本料金がかかるため	各店舗など
公共料金の名義変更や解約	各事業所

病院で亡くなった場合は、搬送する葬儀社が決まり、故人が病室を出る時に入院費用などの清算をしますが、病院側も急なことで準備が整っていないご家族のことを考え、後日支払いというケースも多いようです。

また、最近はご遺体を自宅ではなく、斎場に直接搬送する場合も増えてきています。そして、通夜・告別式の案内発送、香典返し選び、現金払いに備えたお金の準備等を慌ただしく行うことになります。

亡くなってから通夜・告別式・火葬まで、おおよそ1週間程度で全てを一気に進めていかなくてはならないことを覚えておきましょう。

市区町村や金融機関等への手続きの流れ

医師からの死亡診断書は、死亡から「7日以内」にお住いの市区町村に提出しなくてはなりません。また、健康保険、年金保険、免許証等の返還も必要です。さらに、銀行預金や保険証券、**電気・ガス・水道・電話各種料金等の解約・名義変更等もご遺族が行います。**

相続で1番もめるのは、遺産5000万円以下の世帯

相続には、正の遺産（現預金、不動産等）、負の遺産（借金・連帯保証人等）があります。

親の遺産を相続する場合は、相続が開始されることを知った時から3か月以内に、相続を

（限定）承認するか、放棄するかを家庭裁判所に申し出なければなりません。また、その際は**遺言書があるかを確認**し、遺言書の種類・遺言執行者、遺品処分方法等を確認しましょう。

ちなみに、遺言書の種類は3種類です。それぞれ、法定相続人は誰か、相続分はどうなっているのか等しっかり確認しましょう。

自筆証書遺言：遺言者が遺言の全文・日付・氏名を自署・押印するもの
公正証書遺言：公証人が作成し、原本を公証役場で保管してもらうもの
秘密証書遺言：自分で作成し自署して押印してから封印し、公証役場で保管してもらうもの

ちなみに「第52表　遺産分割事件のうち認容・調停成立件数（「分割をしない」を除く）――遺産の内容別遺産の価額別――全家庭裁判所」によると、最も揉めたケースの7割以上は億円単位の遺産相続ではなく、５０００万円以下の相続です。親が元気なうちに話し合いの場を持つべきでしょう。

一方、生前贈与を受けることも選択肢としては考えられます。例えば、**年間１１０万円以内の贈与であれば非課税**となります。それを毎年、計画的に行っていくことも節税対策の一つです。

ただし、非課税となるのは**総額が２５００万円までで、以後は１１０万円以下でも20％の贈**

与税がかかります。親の資産をしっかり把握する所から始めてください。場合によっては、税理士、司法書士や行政書士等、プロの力を借りることも一つです。

⑬まだ間に合う！　親が動けるうちにできること

親が元気なうちに「お金のこと」について話し合おう

親が元気なうちに聞くべきことはたくさんあります。ご近所付き合いや、かかりつけ医だけでなく、介護に必要となるお金のこと。**いくつ通帳を持っているか、それぞれの預金の残高や引き落としになっているものはなにか、そして印鑑の場所など。**親が元気なうちは、「まだ早いのでは？」と思われるかもしれませんが、突然入院したとき、そして介護サービスを利用することになったときにお金の支払いをどうするかを今から考えなくてはなりません。

基本的には、親にかかるお金は親の金で支払うことが原則です。皆さんがお金を出さなくてはならないときは、あくまでも「親の金が足りない時」と考えましょう。

その他にも、保管場所を確認しておきたいのは不動産権利証、有価証券、生命保険や医療保険の保険証書、身分証明書、鍵、健康保険・介護保険証、障害者手帳、年金手帳などです。また、飲んでいる薬は何か、病歴や現在の病気は何か、かかりつけ医は誰か等、確認事項はたくさんあります。

事前に知っておきたい負の遺産としてローンは残っているか、連帯保証人になっていないか、他にも借金はあるかなども必ず確認しておきましょう。

エンディングノートに希望を書いてもらう

要介護状態になったとき、親が望むのは施設介護でしょうか、それとも在宅介護でしょうか。また、在宅介護を希望する場合は誰に介護されたいか、どんな看取られ方をしたいか等、いわゆるエンディングノートのように、まとめてノートに書いてもらっておくと良いでしょう。今は、多くの企業や団体が便利なエンディングノートを作成しています。無料でもらえるものもありますので、この機会に親子で目を通してみると良いでしょう。

また、葬儀はどんな形式を望むのか、家族葬にしたいのか、家族以外には誰を呼んでほしいのかも聞いておきましょう。皆さんが把握していない親類縁者がいることもあります。また、親の檀家はどこか、戒名はどうしたいか、遺影写真、形見分けはどうしたいか、埋葬法についてなどもこの機会に聞いておきましょう。親に意思を示してもらうことで、亡くなったあとの後悔をお互いに減らすことができます。

生前整理も大切

いわゆる断捨離ですが、実家の整理は親が元気なうちにやりましょう。**これが認知症になってからでは、物への執着が強くなる傾向があるため片付けが困難になる傾向があります。**認知症も症状が進行すると、「モノとられ妄想」という状態にもなり得ます。元気なうちに、「何をとっておいて、何を捨てるか」、また、介護をすることになったらどこに介護ベッドをおくか、車いすの動線は確保できるかなどもイメージしておきましょう。

今後の介護生活に備え、今から床面積を広げておくこと、親にはその環境に慣れておいてもらうことも必要です。介護に関わる人が介護しやすい環境を事前に作ることは、心のゆとりと安心につながります。

断捨離しながら、親のアセスメント（ニーズを把握）をしてみよう

一緒にモノの整理をすると、懐かしい思い出の品がたくさん出くるでしょう。そんな時は、手が止まってもいいので、久々に親子で思い出話に花を咲かせるのもいいものです。

そのとき、親にとって一番輝いていた頃の写真はどれか、楽しかった時代のことを聞いてみましょう。**心理療法の中には、高齢者や認知症の方に、昔の自分の話をしてもらったり、写真を見てもらい、その頃の道具や音楽等にふれてもらうことで情緒を安定させ、認知機能改善を**

目指すというものもあります。

断捨離をするときは単なる作業ではなく、親と一緒にタイムスリップしながら、楽しみながらすることをお勧めします。

◆著者略歴

河北 美紀（かわきた・みき）

㈱アテンド代表取締役　江戸川区介護認定審査会委員
2013年介護事業を運営する株式会社アテンド代表取締役就任。

母体のデイサービスは、2017年株式会社ツクイ（東証一部上場企業）主催の介護コンテスト横浜会場にて最優秀賞受賞。

８年間父の介護をした経験と、江戸川区介護認定審査会委員を歴任した経験をもとに介護保険外サービス『冠婚葬祭付き添いサービス』を拡大。

メディア実績は、厚生労働省老健事業「サービス活用販促ガイド」、週刊ダイアモンド、シルバー新報、東京都「キャリアトライアル65」、経済界など複数。

旧三菱銀行出身。

2016年に第９回ミセス日本ファイナリストに選出される。

2021年12月４日　第１刷発行
2023年１月12日　第２刷発行

介護認定審査会委員が教える『困らない介護の教科書』

©著　　者　河北美紀
執筆協力　添田　勝
　　　　　加藤　健
企画協力　松尾昭仁
（ネクストサービス株式会社）
発行者　脇坂康弘

発行所　株式会社　同友館
〒113-0033 東京都文京区本郷 3-38-1
TEL.03(3813)3966
FAX.03(3818)2774
https://www.doyukan.co.jp/

落丁・乱丁本はお取り替えいたします。
西崎印刷／一誠堂印刷／松村製本所
ISBN 978-4-496-05566-9
Printed in Japan